A Proibição de Cúmulo Administrador/Trabalhador

DA SUA CONSTITUCIONALIDADE

2018

José Engrácia Antunes

ALMEDINA

A PROIBIÇÃO DE CÚMULO ADMINISTRADOR/TRABALHADOR
DA SUA CONSTITUCIONALIDADE

AUTOR
José Engrácia Antunes

EDITOR
EDIÇÕES ALMEDINA, S.A.
Rua Fernandes Tomás, n.ºs 76, 78 e 80
3000-167 Coimbra
Tel.: 239 851 904 · Fax: 239 851 901
www.almedina.net · editora@almedina.net

DESIGN DE CAPA
FBA.

EDITOR
EDIÇÕES ALMEDINA, S.A.

IMPRESSÃO E ACABAMENTO
Vasp - DPS

Dezembro, 2018

DEPÓSITO LEGAL
449472/18

ALMEDINA | GRUPOALMEDINA

BIBLIOTECA NACIONAL DE PORTUGAL – CATALOGAÇÃO NA PUBLICAÇÃO

ANTUNES, José Engrácia, 1961-

A proibição de cúmulo administrador-trabalhador:
da sua constitucionalidade. – (Monografias)

ISBN 978-972-40-7731-4

CDU 347

ABREVIATURAS

AAVV – Autores Vários
AD – Acórdãos Doutrinais do STA
ATC – Acórdãos do Tribunal Constitucional
BMJ – Boletim do Ministério da Justiça
BTE – Boletim do Trabalho e Emprego
CCivil – Código Civil
CCom – Código Comercial
CIRE – Código da Insolvência e da Recuperação de Empresas
CJ – Colectânea de Jurisprudência
CJ/ STJ – Colectânea de Jurisprudência / Acórdãos do STJ
CSC – Código das Sociedades Comerciais
CT – Código do Trabalho
CVM – Código dos Valores Mobiliários
DR – Diário da República
LCT – Lei do Contrato de Trabalho
LOFPTC – Lei da Organização, Funcionamento e Processo do Tribunal Constitucional
RC – Relação de Coimbra
RG – Relação de Guimarães
RGIC – Regime Geral das Instituições de Crédito e Sociedades Financeiras
RL – Relação de Lisboa
RP – Relação do Porto
RSPE – Regime do Setor Público Empresarial
STA – Supremo Tribunal Administrativo

STJ – Supremo Tribunal de Justiça
TC – Tribunal Constitucional
UE – União Europeia

I.
Introdução: O Problema

I. O art. 398.º, n.os 1 e 2 do Código das Sociedades Comerciais (CSC) consagra uma proibição geral de cúmulo das funções de administrador e de trabalhador subordinado numa mesma sociedade anónima: no âmbito desta proibição, veio o legislador prever que os contratos de trabalho se extinguem se tiverem sido celebrados há menos de um ano antes da designação do trabalhador como administrador (art. 398.º, n.º 2, 1.ª parte).

II. Os arts. 54.º, n.º 5, d) e 56.º, n.º 2, a) da Constituição da República Portuguesa (CRP) consagram em favor das comissões de trabalhadores e das associações sindicais um *direito de participação na elaboração da legislação do trabalho*. Tal direito visa assegurar aos organismos representativos dos trabalhadores a possibilidade de intervir na preparação e feitura das leis laborais ordinárias, mediante um procedimento de audição ou consulta prévias.

III. Não tendo os organismos representativos dos trabalhadores sido previamente ouvidos e consultados na elaboração da norma do art. 398.º, n.º 2, 1.ª parte do CSC, significa isso esta norma se encontra ferida por um vício de procedimento gerador de *inconstitucionalidade formal*?

II.
O Artigo 398.º, n.os 1 e 2 do Código das Sociedades Comerciais

§1 ASPETOS GERAIS

1. Breve Noção

I. O art. 398.º, n.os 1 e 2 do Código das Sociedades Comerciais (CSC) consagra *uma proibição geral de acumulação, por parte de um indivíduo, das funções de titular do órgão de administração de uma sociedade anónima com o exercício de outras funções, mormente ao abrigo de contrato de trabalho, nessa mesma sociedade ou em sociedade com esta coligada.*[1]

[1] A bibliografia sobre este preceito é vasta, tendo o tema sido glosado por juscomercialistas e juslaboralistas: em seguida, indicam-se os estudos mais relevantes, divididos em obras gerais e estudos específicos. Entre as obras gerais do Direito Comercial, vide ABREU, J. Coutinho, *Governação das Sociedades Comerciais*, 66 e ss., 2.ª edição, Almedina, Coimbra, 2010; CORDEIRO, A. Menezes (coord.), *Código das Sociedades Comerciais Anotado*, 2.ª edição, 1061 e ss., Almedina, Coimbra, 2011; CORREIA, L. Brito, *Os Administradores de Sociedades Anónimas*, 575 e ss., Almedina, Coimbra, 1993; CUNHA, P. Olavo, *Direito das Sociedades Comerciais*, 794 e ss., 6.ª edição, Almedina, Coimbra, 2016; FURTADO, J. Pinto, *Código das Sociedades Comerciais Anotado*, 397 e s., 6.ª edição, Quid Juris, Lisboa, 2012; RODRIGUES, I. Duarte, *A Administração das Sociedades por Quotas e Anónimas – Organização e Estatuto dos Administradores*, 298 e ss., Petrony, Lisboa, 1990; VENTURA, Raúl, *Novos Estudos sobre Sociedades Anónimas e Sociedades em Nome Colectivo*, 189 e ss., Almedina, Coimbra, 1994. Entre as obras gerais do Direito do Trabalho, vide GOMES, J. Vieira, *Direito*

II. O art. 398.º do CSC, sob a epígrafe *"Exercício de Outras Atividades"*, dispõe:[2]

> "1 – Durante o período para o qual foram designados, os administradores não podem exercer, na sociedade ou em sociedades que com esta estejam em relação de domínio ou de grupo, quaisquer funções temporárias ou permanentes ao abrigo de contrato de trabalho, subordinado ou autónomo, nem podem celebrar quaisquer desses contratos que visem uma prestação de serviços quando cessarem as funções de administrador.
>
> 2 – Quando for designado administrador uma pessoa que, na sociedade ou em sociedades referidas no número anterior, exerça qualquer das funções mencionadas no mesmo número, os contratos relativos a tais funções extinguem-se, se tiverem sido celebrados há menos de um ano antes da designação, ou suspendem-se, caso tenham durado mais do que esse ano."

do Trabalho, vol. I ("Relações Individuais de Trabalho"), 163 e ss., Coimbra Editora, Coimbra, 2007; MARTINEZ, P. Romano, *Direito do Trabalho*, 343 e ss., 8.ª edição, Almedina, Coimbra, 2017; RAMALHO, M. Palma, *Direito do Trabalho*, Parte II ("Situações Laborais Individuais"), 79 e ss., 6.ª edição, Almedina, Coimbra, 2014; XAVIER, B. Lobo, *Manual de Direito do Trabalho*, 349 e s., 3.ª edição, Rei dos Livros, Lisboa, 2018. Finalmente, entre os numerosos estudos específicos sobre a temática, vide ABREU, J. Coutinho, *Administradores e Trabalhadores de Sociedades (Cúmulos e Não)*, in: AAVV, "Temas Societários", 9-21, Almedina, Coimbra, 2006; ABREU, J. Coutinho, *Sobre o Trabalhador/ Administrador (A Propósito de Acórdão do STJ de 23/10/2013)*, in: AAVV, "Para Jorge Leite – Escritos Jurídicos", vol. II, 1-6, Coimbra Editora, Coimbra, 2014; GOMES, J. Vieira, *Da Validade do Contrato de Trabalho com uma Sociedade de um Grupo para o Exercício de Funções de Administração Social noutra Sociedade do mesmo Grupo*, in: AAVV, "Estudos de Direito do Trabalho em Homenagem ao Prof. M. Alonso Olea", 433-456, Almedina, Coimbra, 2004; MARTINS, A. Soveral, *Artigo 398.º*, in: AAVV, "Código das Sociedades Comerciais em Comentário", vol. VI, 335-350, Almedina, Coimbra, 2013; OLIVEIRA, J. Sarmento, *O Contrato de Administração. Sua Natureza e Possibilidade de Cumulação com um Contrato de Trabalho*, in: 5 "Revista de Ciências Empresariais e Jurídicas" (2005), 183-206; SEQUEIRA, A. Marques, *Da Designação de Trabalhador para Membro de Órgão Estatutário da Sociedade Empregadora – Efeitos no Contrato de Trabalho*, in: 46 "Questões Laborais" (2015), 150-176; VENTURA, Raúl, *Nota sobre a Interpretação do Artigo 398.º do Código das Sociedades Comerciais*, in: 125 "O Direito" (1993), 261-265.

[2] A redação destes dois números do preceito corresponde à *versão originária* do CSC, aprovada pelo Decreto-Lei n.º 262/86, de 2 de setembro, não tendo sofrido alterações. O Decreto-Lei n.º 76-A/2006, de 26 de março, veio alterar o n.º 3 e aditar um n.º 4 – alterações essas que, por respeitaram a outro trecho do preceito, aqui irrelevante (proibição de concorrência), não serão analisadas.

III. Este preceito, que se insere sistematicamente no Cap. VI do Título IV do CSC (relativo ao "Conselho de Administração" das sociedades anónimas), integra um conjunto de disposições legais relativas à prevenção, disciplina e sancionamento dos *conflitos de interesses dos administradores das sociedades anónimas*: assim, o art. 397.º do CSC estabelece uma proibição genérica de os administradores celebrarem negócios com a própria sociedade; e o art. 398.º do mesmo Código, nos n.os 3 a 5, estabelece uma proibição genérica de exercício pelos administradores, por conta própria ou alheia, de atividades concorrentes à da sociedade.

IV. Muito embora o âmbito da proibição ou incompatibilidade fixada no art. 398.º, n.os 1 e 2 do CSC seja mais vasto, e por razões que se prendem com o objeto do presente estudo, referir-nos-emos doravante primacialmente ao caso específico da proibição de cúmulo do exercício das funções de administração e funções laborais, abreviadamente designada *"proibição de cúmulo administrador/ trabalhador"*.

2. Antecedentes Históricos

I. A disposição do art. 398.º, n.os 1 e 2, introduzida pelo CSC de 1986, é uma *disposição legal pioneira, sem antecedentes históricos no direito positivo português*. Com efeito, nem no âmbito do CCom, nem no das leis societárias até então vigentes (designadamente, o Decreto-Lei n.º 49 381, de 15 de novembro de 1969, relativo ao regime de fiscalização das sociedades anónimas), o legislador pátrio previra qualquer disposição geral expressa sobre a questão relativa ao cúmulo das funções de administração e de trabalho numa mesma sociedade.[3]

II. Dada a frequência prática com que tal questão já então se colocava, e para a qual a lei justamente não previra solução, a *doutrina e a jurisprudência* portuguesas anteriores ao CSC de 1986 foram tomando posição sobre a

[3] Apesar da ausência de disposição geral sobre a matéria, chegaram a existir normas especiais aplicáveis ao caso dos trabalhadores designados para lugares de administração em empresas concessionárias de serviços públicos (cf. Decretos-Lei n.º 729/74, de 20 de dezembro e n.º 16/76, de 14 de janeiro, posteriormente revogados).

mesma. Era então visível uma *divergência* das posições dos autores e dos tribunais, sendo de assinalar a existência de duas correntes ou entendimentos fundamentais.[4]

III. Um setor dos autores e dos tribunais sustentava a *inadmissibilidade do cúmulo* na mesma pessoa do exercício das funções de administrador ou gerente e outro tipo de funções, "maxime" laborais, na mesma sociedade comercial. Tal o caso, designadamente, de Raúl VENTURA – para quem não se podia admitir que um sujeito funcionasse umas vezes como administrador (ao abrigo da relação de administração) e outras vezes como trabalhador (ao abrigo de um contrato de trabalho independente do vínculo de administração) ao serviço da mesma sociedade, sob pena de uma intolerável confusão de papéis ("patrão" e "empregado")[5] – e de L. BRITO CORREIA – segundo o qual "não parece possível a acumulação de qualidades quando o trabalhador seja designado administrador-delegado, com poderes de direção do pessoal da empresa, incluindo sobre o posto de trabalho por ele próprio ocupado"[6]. Na jurisprudência, podem citar-se o Acórdão do STA de 1-II-1966 (CORREIA GUEDES)[7], o Acórdão do STA de 18-I-1972 (SANTOS VÍTOR)[8] e o Acórdão do STJ de 15-X-1980 (ROCHA FERREIRA).[9]

[4] A existência desta divergência é, aliás, assinalada pela própria doutrina e jurisprudência. Assim L. BRITO CORREIA: "A jurisprudência sobre esta questão revelava-se contraditória" (*Os Administradores de Sociedades Anónimas*, 585, Almedina, Coimbra, 1993); Acórdão do STJ de 29-IX-1999 (J. ANTÓNIO MESQUITA): "Antes do Código das Sociedades Comerciais não havia disposição legal expressa sobre o problema, encontrando-se muito dividida a doutrina e a jurisprudência neste ponto" (in: VII CJ/STJ (1999), III, 248-251 (249)).

[5] *Teoria da Relação Jurídica de Trabalho*, vol. I, 299, Imprensa Portuguesa, Porto, 1944. O mesmo Autor viria, todavia, a mudar a posição após a entrada em vigor do CSC (*Sociedades por Quotas*, vol. III, 35 e ss., Almedina, Coimbra, 1991).

[6] *Os Administradores de Sociedades Anónimas*, 589, Almedina, Coimbra, 1993 (mas reportando-se à situação vigente anterior à aprovação do CSC).

[7] In: 49 AD (1966), 499-503.

[8] Onde se refere que "tem sido constante e pacífica a jurisprudência deste Supremo Tribunal (...) no sentido de que o exercício de gerência social se afigura incompatível com a subsistência do vínculo laboral" (in: 124 AD (1972), 532-536 (535)).

[9] "Efectivamente, parece seguro e irrecusável que os membros dos corpos sociais – gerência, conselho de administração e conselho fiscal –, na medida em que fazem parte da própria

IV. Um outro setor dos autores e dos tribunais sustentava a *admissibilidade do cúmulo* na mesma pessoa das funções de administrador ou gerente e outro tipo de funções, incluindo trabalhador subordinado, na mesma sociedade. Na doutrina, tal o caso, designadamente, de I. GALVÃO TELLES – ao referir-se à possibilidade de um administrador "(...) achar-se investido em funções especiais de natureza executiva, como a de director de serviço, que exerce subordinadamente ao Conselho de Administração, com uma remuneração própria, distinta da do administrador, caso em que está também vinculado por contrato de trabalho"[10] – e de ABÍLIO NETO – para quem, "não constando do nosso direito positivo, ao contrário do sucede com outras legislações, a expressa proibição de o gerente ou administrador cumular o exercício das funções de administração com as de trabalhador subordinado, nada obstará em princípio, à reunião na mesma pessoa dessa dupla qualidade"[11]. Na jurisprudência, podem referir-se o Acórdão do STJ de 4-II-1972 (JOSÉ MOURA)[12], o Acórdão do STJ de 16-XII-1983 (MIGUEL CAEIRO)[13] e o Acórdão do STJ de 7-II-1986 (CORREIA DE PAIVA).[14]

3. Sentido Geral

I. A questão da (in)admissibilidade do cúmulo de funções de administração e funções laborais, bem como a controvérsia doutrinal e jurisprudencial travada em seu torno, veio a ser resolvida pelo legislador do CSC de 1986[15]: o sentido geral da proibição prevista no art. 398.º, n.os 1

estrutura da sociedade, como seus órgãos, não são nem podem ser sujeitos, enquanto tal, de uma relação jurídica laboral" (in: 300 BMJ (1980), 227-230 (229)).

10 *Anotação ao Acórdão do Supremo Tribunal de Justiça de 21 de Abril de 1972 (Anulação de Deliberações Sociais – Actos Abusivos)*, 336, in: 104 "O Direito" (1972), 313-344.

11 *O Contrato de Trabalho*, 167, in: "Direito do Trabalho", 167-178, Suplemento do BMJ, Lisboa, 1979.

12 In: 214 BMJ (1972), 101-104.

13 "O sócio não gerente de uma sociedade por quotas que nela exerça a sua actividade profissional remuneradamente e sob a autoridade e direcção da respectiva gerência, está ligado à sociedade por um contrato de trabalho subordinado" (in: 332 BMJ (1983), 417-418 (418)).

14 "Nada obsta à reunião da qualidade de gerente ou administrador de sociedade comercial com a de seu trabalhador" (in: 354 BMJ (1986), 390 (383)).

15 Nesse sentido, entre outros, Raúl VENTURA: "para as sociedades anónimas, o problema está hoje resolvido no art. 398.º" (*Sociedade por Quotas*, vol. III, 35, Almedina, Coimbra, 1991).

e 2 foi o de estabelecer um *princípio de incompatibilidade genérica ou absoluta* do exercício de funções de membro de órgão de administração de uma sociedade anónima com quaisquer outras funções temporárias ou permanentes no seio da mesma sociedade ou sociedade coligada, incluindo aí, naturalmente, as de trabalhador subordinado.

II. São bem conhecidos os argumentos a favor ou contra a admissibilidade de um tal cúmulo. Os seus *defensores* costumam salientar o interesse das empresas em promover à sua administração os seus melhores trabalhadores sem provocar a perda dos benefícios do estatuto laboral. Os seus *detratores* enfatizam os riscos de fraude associados àquele cúmulo, bem como de subversão das regras gerais relativas ao governo das sociedades e à independência dos administradores. *Hoje, sabemos qual o lado que – bem ou mal – foi escolhido pelo legislador societário português.*[16]

III. Tal sentido ou "ratio" geral do preceito é, desde logo, reconhecido pela generalidade da atual *doutrina*, tanto comercialista como juslaboralista. Entre muitos, podem citar-se M. Palma Ramalho: "o artigo 398.º do CSC (...) traduz o princípio geral tradicional da incompatibilidade entre o exercício de funções de gestão ou administração societária e a execução de um contrato de trabalho ou de um contrato de prestação de serviços, seja na mesma sociedade seja em sociedades que estejam em relação de domínio ou de grupo com aquela sociedade"[17]; P. Romano Martinez e outros: "recusa-se a pluralidade de vínculos jurídicos entre sociedade e administrador, impedindo que este esteja adstrito a qualquer outra prestação, distinta da que constitui o objeto da sua administração"[18];

[16] Sobre este regime legal de incompatibilidade, vide *infra* II – § 2. Questão totalmente diversa, de que aqui não curámos, é a de saber se a solução adotada pelo direito português constituído ("de iure constituto") será a mais acertada de um ponto de vista do direito a constituir ("de iure constituendo"). Num sentido crítico, Abreu, J. Coutinho, *Administradores e Trabalhadores de Sociedades (Cúmulos e Não)*, 15 e ss., in: AAVV, "Temas Societários", 9-21, Almedina, Coimbra, 2006; Oliveira, J. Sarmento, *O Contrato de Administração. Sua Natureza e Possibilidade de Cumulação com um Contrato de Trabalho*, 199 e ss., in: 5 "Revista de Ciências Empresariais e Jurídicas" (2005), 183-206; Rodrigues, I. Duarte, *A Administração das Sociedades por Quotas e Anónimas – Organização e Estatuto dos Administradores*, 304 e ss., Petrony, Lisboa, 1990.

[17] *Grupos Empresariais e Societários – Incidências Laborais*, 517, Almedina, Coimbra, 2008.

[18] *Código do Trabalho Anotado*, 404, 9.ª edição, Almedina, Coimbra, 2013.

M. Sande Taborda: "o preceito consagra um impedimento ou incompatibilidade absoluta inerente ao exercício das funções de administrador que o impede de estar adstrito a qualquer outra prestação (ao abrigo de um contrato de trabalho ou de prestação de serviços) que não aquela que constitui objeto da sua função de administração"[19]; ou C. Soares Jesus: "Este normativo trata, a nosso ver, do princípio geral tradicional da incompatibilidade entre o exercício das funções de administração societária e a execução de um contrato de trabalho ou de um contrato de prestação de serviços, seja na mesma sociedade, seja em sociedades que com esta estejam em relação de domínio ou de grupo".[20]

IV. Algo de semelhante encontramos na *jurisprudência*. Entre outros, vejam-se o Acórdão do STJ de 17-XI-2016 (A. Luísa Geraldes): "existe uma incompatibilidade absoluta entre os vínculos laboral e de Administração, pelo que o exercício das funções de um Administrador societário não pode assentar num contrato de trabalho"[21]; o Acórdão do STJ de 25-XI-2014 (Gonçalves Rocha): "as funções de administração de uma sociedade comercial não podem fundar-se num contrato de trabalho, dado existir uma absoluta incompatibilidade entre os correspondentes vínculos"[22]; o Acórdão do STJ de 23-X-2013 (A. Leones Dantas): "os elementos doutrinários e jurisprudenciais permitem constatar uma orientação generalizada no sentido da incompatibilidade dos vínculos de administração e de trabalho subordinado relativamente a trabalhador ligado a uma sociedade por contrato de trabalho e que venha a ser nomeado administrador daquela sociedade"[23]; ou ainda o Acórdão do STJ de 9-IV-2008 (Sousa Grandão): "haverá pois de concluir-se pela absoluta incompatibilidade dos vínculos laboral e de administração e, também, por uma hostilidade da lei relativamente às relações laborais conexas com a relação de administração, que se traduz

[19] *Análise do Artigo 398.º, n.º 1 do CSC e a Sua Aplicação Analógica às Sociedades por Quotas*, 12, Diss., Lisboa, 2017.

[20] *A Designação de Administradores com Contrato de Trabalho: Solução a Repensar?*, 15, Diss., Coimbra, 2014.

[21] In: www.dgsi.pt. (Proc. n.º 394/10.0TTTVD.L1.S1).

[22] In: 254 CJ/STJ (2014), III, 275-275 (com texto integral in: www.colectaneadejurisprudencia.com).

[23] In: 251 CJ/STJ (2013), III, 276-277 (com texto integral in: www.colectaneadejurisprudencia.com).

numa regulação restritiva da possibilidade de o Administrador assegurar uma futura posição remunerada na sociedade, o que é comum à generalidade dos tipos societários previstos na nossa lei, e que é mais visível e acentuado no domínio das sociedades anónimas".[24]

4. Finalidades Fundamentais

I. A este sentido geral da norma em apreço – proibição absoluta ou genérica de cúmulo administrador/ trabalhador – subjazem *três finalidades fundamentais*: a prevenção de conflitos de interesses; a integridade do modelo legal de governo societário; e a integridade do estatuto dos administradores.

II. O primeiro fundamento da proibição de cúmulo reside na prevenção de *conflitos de interesses* – o que, aliás, é logo indiciado pela inserção sistemática desta proibição num conjunto de disposições jussocietárias (arts. 397.º e 398.º do CSC) que, estatuindo interdições paralelas (proibição de negócios com a sociedade e proibição de concorrência), têm por objetivo comum prevenir, disciplinar e reprimir as situações de conflitos de interesses dos administradores das sociedades anónimas. Com efeito, facilmente se percebe que a possibilidade de reunião num indivíduo das funções de administrador e de trabalhador subordinado de uma sociedade origina uma confusão de papéis que potencia inevitavelmente a emergência de conflitos de interesses: torna-se assim possível que tal indivíduo exerça o seu cargo na administração social no sentido de se favorecer a si mesmo, no presente ou no futuro, enquanto trabalhador, por exemplo, celebrando contratos de trabalho fictício que garantem a sua continuidade na empresa após a sua saída da administração, fixando avultados salários para si próprio enquanto trabalhador, tomando medidas de gestão social que o favorecem (v.g., regalias, "prémios de produtividade") ou amenizando o cumprimento dos seus próprios deveres laborais (v.g., pontualidade, assiduidade). Este primeiro fundamento da proibição geral de cúmulo é pacífico na doutrina e jurisprudência portuguesas: nas palavras de A. LUÍSA GERALDES, "são convergentes a doutrina e a jurisprudência nesta matéria quando defendem

[24] In: www.dgsi.pt. (Proc. n.º 07S1695).

que a questão com que o ordenamento jurídico se confronta, em tais casos, reside na necessidade de acautelar e impedir que o Administrador utilize o cargo para obter, posteriormente, benefícios para si, em relação à sociedade onde exerce tais funções e com projecção quer nas remunerações a auferir, quer noutro tipo de regalias, que irá usufruir após a cessação do cargo de Administrador".[25]

III. Uma segunda finalidade reside na *integridade do modelo legal de governação das sociedades anónimas*. Como é sabido, o legislador português consagrou um modelo de governo societário assente numa separação tangente e imperativa das competências da Assembleia Geral dos Acionistas – a quem cabe o poder de decisão em matérias estratégicas ou fundamentais da vida social definidas na lei ou nos estatutos (v.g., eleição dos outros órgãos sociais, alteração do pacto social, aprovação das contas sociais, fusão, cisão, transformação, dissolução, etc.) – e do Conselho de Administração – a quem cabem, além de poderes exclusivos de representação social (arts. 405.º, n.º 2 e 408.º do CSC), poderes plenos de gestão social que abrangem tendencialmente toda e qualquer matéria relativa à prossecução quotidiana do objeto social (arts. 405.º, n.º 1 e 406.º do CSC)[26]. Ora, não é difícil perceber como tal modelo legal imperativo poderia ficar posto em causa se fosse possível a concentração, numa mesma pessoa, do papel de administrador e trabalhador da sociedade. É ao Conselho de Administração que compete deliberar sobre matérias tais como a abertura ou encerramento de estabelecimentos da empresa ou de partes importantes destes (art. 406.º,

[25] In: www.dgsi.pt. (Proc. n.º 394/10.0TTTVD.L1.S1). Na doutrina, "ex multi", vide também Cordeiro, A. Menezes (coord.), *Código das Sociedades Comerciais Anotado*, 1063, 2.ª edição, 1061-1064, Almedina, Coimbra, 2011. Na jurisprudência, o Acórdão do STJ de 17-X-2007 (Bravo Serra): "(...) Torna-se patente a repercussão que aquela gestão possa, eventualmente, vir a ter no universo dos trabalhadores da sociedade, com a consequente possibilidade de surgimento de conflitos de interesses entre aqueles e esta" (in: www.dgsi.pt – Proc. n.º 07S1615).

[26] Sobre este modelo legal de separação entre órgãos deliberativos e administrativos, assente na distinção entre *matérias fundamentais da vida social* ("grundsätzlichen Maßnahmen", "fundamental or organic matters") e *matérias de gestão social* ("laufender Geschäftsführungsmaßnamen", "business decisions in the ordinary course"), vide em geral Antunes, J. Engrácia, *Direito das Sociedades*, 278, 8.ª edição, Porto, 2018; Almeida, A. Pereira, *Sociedades Comerciais, Valores Mobiliários, Instrumentos Financeiros e Mercados*, 459 e ss., 7.ª edição, Coimbra Editora, Coimbra, 2013; Cunha, P. Olavo, *Direito das Sociedades Comerciais*, 523 e ss., 6.ª edição, Almedina, Coimbra, 2016.

g) do CSC), extensões ou reduções importantes da atividade da empresa (art. 406.º, h) do CSC), modificações importantes na organização da empresa (art. 406.º, i) do CSC) e até a elaboração de projetos de cisão e fusão (art. 406.º, m) do CSC): atentas as repercussões que decisões sobre tais matérias têm sobre o universo dos trabalhadores da sociedade, é fácil de perceber que a decisão do administrador-trabalhador possa sacrificar os interesses da sociedade aos seus próprios interesses individuais enquanto membro daquele universo[27]. É também ao Conselho de Administração que compete a gestão do cerne das relações individuais de trabalho, decidindo, nomeadamente, sobre a contratação de novos trabalhadores, a sua retribuição, as suas condições de trabalho e o exercício dos poderes de direção e disciplinar: ora, está bom de ver que o cúmulo de funções que a lei proibiu visa justamente salvaguardar a integridade do exercício dessas competências, bem como impedir a subversão da hierarquia e da organização societária internas[28]. E é ainda sabido que o modelo legal de governo societário assenta num princípio geral de livre destituição dos administradores, de acordo com o qual os sócios podem, a qualquer momento e independentemente de justa causa, remover aqueles dos respetivos cargos (arts. 403.º, n.º 1 e 430.º do CSC): como seria quase necessário encarecer, a admissibilidade do cúmulo das funções administrativas e laborais permitira iludir e contornar este princípio jussocietário nodal, bastando para tal que os administradores curassem de celebrar com a sociedade contratos de trabalho destinados a vigorar durante ou após o termo do seu mandato de administração, assegurando dessa forma a perpetuação do seu vínculo à sociedade e conferindo

[27] Entre muitos, vide o próprio Acórdão do TC n.º 1018/96, de 9-X-1986 (Bravo Serra): "Ora, estes poderes conferidos à administração da sociedade podem, como se torna evidente, ter repercussões – e até acentuadas – no universo dos trabalhadores da empresa e respectivos estabelecimentos, sendo facilmente configurável que se possam desenhar conflitos entre os interesses da sociedade, na prossecução dos seus objectivos, e os dos trabalhadores" (in: 35 ATC (1996), 207-213). *O inverso é também verdade*: não tendo o modelo legal português de governo societário assegurado uma participação dos trabalhadores na gestão social, o cúmulo administrador-trabalhador permitiria, ainda que por via oblíqua e indireta, que os trabalhadores pudessem ter assento no órgão de administração e influíssem na condução dos negócios da sociedade.

[28] Falando também do "perigo de subversão da hierarquia e da organização empresarial, que situações de confusão ou de ambiguidade de papéis potenciam", vide o Acórdão do STJ de 9-IV-2008 (Sousa Grandão), in: www.dgsi.pt. (Proc. n.º 07S1695).

obliquamente ao estatuto precário de administrador a estabilidade própria do estatuto do trabalhador.[29]

IV. Finalmente, a proibição legal do cúmulo persegue ainda uma derradeira finalidade, que se entrecruza com, mas é independente, das anteriores: *a manutenção da integridade do estatuto jurídico (ativo e passivo) do administrador*[30]. Por uma banda, os membros dos órgãos de administração das sociedades comerciais encontram-se investidos num *estatuto jurídico-ativo*, do qual fazem parte deveres fundamentais de independência e de lealdade no exercício das suas funções (art. 64.º, n.º 1, b) do CSC). Ora, este estatuto de independência e autonomia do administrador contrasta frontalmente com a sua subordinação jurídica enquanto trabalhador: um "patrão" não pode ser "empregado" de si mesmo, nem vice-versa, pelo que um mesmo indivíduo não pode ser simultaneamente sujeito e destinatário do poder diretivo[31]. Além de que um tal cúmulo "esquizofrénico" poderia, na prática, exponenciar o risco de a bizarra criatura dele resultante – qual Dr. Jekyll (administrador) e Mr. Hyde (trabalhador) – vir a sacrificar a primazia do interesse da sociedade e dos sócios com o único fito de, por essa via, beneficiar os seus interesses individuais enquanto trabalhador (art. 64.º, n.º 1, b)

[29] Também assim M. Palma Ramalho: "As regras do art. 398.º, n.º 1 do CSC justificam-se (...) pela necessidade de evitar que, através da celebração de tais contratos, seja iludido o regime da cessação do vínculo de administração, precavendo-se, por antecipação, o administrador contra as consequências da aplicação de tal regime" (*Grupos Empresariais e Societários – Incidências Laborais*, 522, Almedina, Coimbra, 2008).

[30] Sobre este estatuto jurídico, vide em geral Abreu, J. Coutinho, *Curso de Direito Comercial*, vol. II ("Das Sociedades"), 533 e ss., 5.ª edição, Almedina, Coimbra, 2015; Almeida, A. Pereira, *Sociedades Comerciais, Valores Mobiliários, Instrumentos Financeiros e Mercados*, 265 e ss., 7.ª edição, Coimbra Editora, Coimbra, 2013; Antunes, J. Engrácia, *Direito das Sociedades*, 327 e ss., 8.ª edição, Porto, 2018; Cordeiro, A. Menezes, *Manual de Direito das Sociedades*, vol. I, 687 e ss., Almedina, Coimbra, 2004; Cunha, P. Olavo, *Direito das Sociedades Comerciais*, 771 e ss., 6.ª edição, Almedina, Coimbra, 2016.

[31] J. Coutinho Abreu: "A autonomia e as funções de empregador do administrador são inconciliáveis com a subordinação jurídica própria da relação laboral" (*Administradores e Trabalhadores de Sociedades (Cúmulos e Não)*, 17, in: AAVV, "Temas Societários", 9-21, Almedina, Coimbra, 2006); A. Menezes Cordeiro: "A lei visa (...) defender a total independência dos administradores" (*Código das Sociedades Comerciais Anotado*, 1063, 2.ª edição, 1061-1064, Almedina, Coimbra, 2011).

do CSC)[32]. Por outra banda, os titulares dos órgãos administrativos possuem igualmente um *estatuto jurídico-passivo*, do qual decorre, designadamente, a sua sujeição a um regime de responsabilidade civil perante a sociedade, sócios e terceiros (arts. 72.º e segs. do CSC): ora, uma vez mais, tal regime só terá sentido e eficácia se o conjunto dos princípios jussocietários que regem o estatuto ativo dos administradores e, em particular, os seus deveres funcionais, não puderem ser iludidos ou contornados mediante a acumulação de outras posições ou funções jurídicas na mesma sociedade.

5. Natureza Jurídica

I. O art. 398.º, n.ºs 1 e 2 do CSC constitui *uma norma imperativa e de ordem pública*.

II. Por um lado, trata-se de uma norma *imperativa*. Tal significa dizer, no essencial, que o princípio geral da proibição de cúmulo societário-laboral possui um caráter injuntivo e cogente que se impõe à autonomia privada das partes: tal proibição não pode assim ser afastada, nem pelos estatutos das sociedades, nem pelo acordo das próprias partes (sociedade e administrador-trabalhador), originando a sua violação, em princípio e salvo disposição especial, a nulidade de quaisquer atos, negócios ou cláusulas em sentido contrário (arts. 280.º, n.º 1, 294.º do CCivil, art. 9.º, n.º 3 do CSC)[33]. Repare-se que esta norma, visando impedir o aproveitamento das

[32] Acórdão do STJ de 25-XI-2014 (GONÇALVES ROCHA): "Neste sentido, a norma insere-se num conjunto mais abrangente, que visa evitar conflitos de interesses e garantir que o Administrador social vá agir em conformidade com o art. 64.º do CSC" (in: 254 CJ/STJ (2014), III, 275-275, com texto integral in: www.colectaneadejurisprudencia.com).

[33] Assim, entre muitos, o Acórdão da RL de 14-IX-2011 (P. SÁ FERNANDES): "O n.º 1 do art. 398.º do CSC estabelece um regime de incompatibilidades entre as funções de administrador e as temporárias ou permanentes ao abrigo de contrato de trabalho. Esta proibição é imperativa, implicando a nulidade do contrato de trabalho celebrado com os efeitos decorrentes do art. 15.º da LCT e art. 116.º do CT/2003" (in: 233 CJ (2011), IV, 153-155); o Acórdão da RL de 28-V-2003 (P. SÁ FERNANDES): "A proibição legal em causa, não sendo susceptível de ser derrogada pelas partes, configura uma proibição imperativa, pelo que o negócio jurídico celebrado em seu desrespeito terá de ser considerado juridicamente como contrário à lei e em consequência nulo, nos termos do artigo 280.º do CC" (in: www.dgsi.pt – Proc. n.º 0079344). Saliente-se que a nulidade do contrato de trabalho que o administrador celebre

funções de administração societária em benefício próprio e a subversão do modelo legal de governo das sociedades, tem sempre uma natureza cogente e injuntiva, independentemente de saber se a conduta do administrador-trabalhador causou ou não prejuízos à sociedade.[34]

III. Além disso, segundo alguma doutrina e jurisprudência, trata-se de uma norma de *ordem pública*. Tal significa agora, no essencial, que a proibição legal em apreço visa tutelar princípios e valores primordiais da organização social, mormente a preservação de uma conduta ética dos administradores e a repressão de negócios celebrados com fraude à lei[35]. Neste sentido se pronunciou, entre muitos outros, o Acórdão do STJ de 9-IV-2008 (SOUSA GRANDÃO): "O contrato que vise o exercício do cargo de Administrador eleito pela Assembleia Geral de accionistas de uma sociedade anónima com estatuto jurídico-laboral é nulo por violar directamente o regime de incompatibilidade entre funções administrativas e laborais previsto no n.º 1 do art. 398.º do CSC, norma de «ordem pública» que contém uma proibição imperativa visando, quer salvaguardar valores éticos nas condutas dos administradores das sociedades anónimas, quer evitar que estes aproveitem o cargo para garantir o futuro à custa da sociedade administrada".[36]

com a sociedade anónima, em violação daquela proibição, contagia os próprios atos sociais internos, mormente a deliberação tomada em Assembleia Geral que tenha confirmado ou ratificado a celebração de tal contrato (art. 56.º, n.º 1, d) do CSC) (cf. Acórdão do STJ de 11-II-2004 (FERREIRA NETO), in: 516 AD (2004), 1911-1923).

[34] SEQUEIRA, A. Marques, *Da Designação de Trabalhador para Membro de Órgão Estatutário da Sociedade Empregadora – Efeitos no Contrato de Trabalho*, 154, in: 46 "Questões Laborais" (2015), 150-176.

[35] Sobre os institutos da ordem pública e da fraude à lei, enquanto limites gerais da autonomia privada no domínio dos negócios jurídicos, vide CORDEIRO, A. Menezes, *Tratado de Direito Civil*, vol. II ("Parte Geral – Negócio Jurídico"), 574 e ss., 603 e ss., 4.ª edição, Almedina, Coimbra, 2017.

[36] In: www.dgsi.pt. (Proc. n.º 07S1695). No mesmo sentido também, o Acórdão do STJ de 11-II-2004 (FERREIRA NETO): "[O art. 398.º do CSC] situa-se num campo de incompatibilidades que, antes da preservação de quaisquer interesses sociais, visa a defesa da independência e da idoneidade no exercício das funções de administrador, valores que inscrevendo-se no comércio jurídico em geral transcendem claramente os meros interesses particulares" (in: 516 AD (2004), 1911-1923); Acórdão do STJ de 23-X-2013 (LEONES DANTAS): "o complexo de interesses que está subjacente a esses dispositivos, nomeadamente os interesses de ordem pública que os animam" (in: 251 CJ/STJ (2013), III, 276-277, com texto integral in:

§2 REGIME LEGAL: A PROIBIÇÃO DE CÚMULO

I. Tal como foi inicialmente referido, o art. 398.º, n.os 1 e 2 do CSC consagrou uma *proibição* ou *incompatibilidade absoluta* do exercício das funções de titular do órgão de administração de uma sociedade anónima com o exercício de quaisquer outras funções na mesma sociedade.

II. A descrição e a compreensão do regime legal desta proibição envolvem a consideração de três aspetos diferentes, que vamos analisar sucessivamente: o *âmbito de aplicação* da proibição; as *consequências jurídicas* da violação dessa proibição, em especial no plano dos contratos celebrados anteriormente ao início das funções de administração; e, por razões que se prendem com o objeto específico do presente estudo, uma síntese das suas incidências específicas no caso do *cúmulo administrador-trabalhador*.

1. Âmbito de Aplicação

I. O art. 398.º, n.º 1 do CSC reza o seguinte: "Durante o período para o qual foram designados, os administradores não podem exercer, na sociedade ou em sociedades que com esta estejam em relação de domínio ou de grupo, quaisquer funções temporárias ou permanentes ao abrigo de contrato de trabalho, subordinado ou autónomo, nem podem celebrar quaisquer desses contratos que visem uma prestação de serviços quando cessarem as funções de administrador."

II. *O âmbito objetivo e subjetivo de aplicação da proibição legal é, assim, particularmente vasto.*

III. Ela abrange, desde logo, o exercício de "quaisquer funções (...) ao abrigo de contrato de trabalho, subordinado ou autónomo". Tal significa que

www.colectaneadejurisprudencia.com); Acórdão da RL de 10-X-2013 (ALDA MARTINS): "Estas razões conferem à norma um cariz de «ordem pública» e afastam-na da disponibilidade das partes, aplicando-se mesmo contra a vontade destas" (in: 249 CJ (2013), IV, 161-164); Acórdão da RL de 28-V-2003 (P. SÁ FERNANDES): "A *ratio* do art. 398.º do CSC está ligada à defesa de valores éticos na conduta dos administradores enquanto no exercício dessas funções, para uma ampla defesa dos interesses da sociedade" (in: www.dgsi.pt – Proc. n.º 0079344).

o administrador está impedido de celebrar com a sociedade, quer *contratos de trabalho* (art. 1152.º do CCivil, art. 11.º do CT) – incluindo contratos em comissão de serviço (arts. 161.º e segs. do CT)[37] –, quer *contratos de prestação de serviços* (arts. 1154.º a 1156.º do CCivil)[38] – incluindo contratos de mandato, depósito, empreitada, enquanto modalidades da prestação de serviços (art. 1155.º do CCivil).[39]

IV. Ela abrange ainda o exercício de funções seja "temporárias ou permanentes". Tal significa que a proscrição dos vínculos contratuais proibidos é *independente da sua duração*, sendo indiferente se se destinam a vigorar indefinidamente ou se visam fazer face a contingências meramente provisórias ou passageiras da vida social[40]. Do mesmo modo, deve considerar-se indiferente, para estes efeitos, se as funções exercidas pelo administrador são ou não materialmente idênticas àquelas que já exercia anteriormente na empresa enquanto trabalhador.[41]

V. Ela abrange também o exercício das referidas funções "na sociedade ou em sociedades que com esta estejam em relação de domínio ou de

[37] Nesse sentido, os acórdãos do STJ de 23-X-2013 (A. LEONES DANTAS) (in: 251 CJ/STJ (2013), III, 276-277, com texto integral in: www.colectaneadejurisprudencia.com) e de STJ de 9-IV-2008 (SOUSA GRANDÃO), in: www.dgsi.pt. (Proc. n.º 07S1695).

[38] CORDEIRO, A. Menezes (coord.), *Código das Sociedades Comerciais Anotado*, 1063, 2.ª edição, 1061-1064, Almedina, Coimbra, 2011; FURTADO, J. Pinto, *Código das Sociedades Comerciais Anotado*, 397, 6.ª edição, Quid Juris, Lisboa, 2012; MARTINS, A. Soveral, *Artigo 398.º*, 339, in: AAVV, "Código das Sociedades Comerciais em Comentário", vol. VI, 335-350, Almedina, Coimbra, 2013; VENTURA, Raúl, *Nota sobre a Interpretação do Artigo 398.º do Código das Sociedades Comerciais*, 264, in: 125 "O Direito" (1993), 261-265.

[39] FURTADO, J. Pinto, *Código das Sociedades Comerciais Anotado*, 397, 6.ª edição, Quid Juris, Lisboa, 2012; VENTURA, Raúl, *Nota sobre a Interpretação do Artigo 398.º do Código das Sociedades Comerciais*, 264, in: 125 "O Direito" (1993), 261-265.

[40] CORDEIRO, A. Menezes (coord.), *Código das Sociedades Comerciais Anotado*, 1063, 2.ª edição, 1061-1064, Almedina, Coimbra, 2011; MARTINS, A. Soveral, *Artigo 398.º*, 340, in: AAVV, "Código das Sociedades Comerciais em Comentário", vol. VI, 335-350, Almedina, Coimbra, 2013. Cf. ainda Acórdão do STJ de 8-VI-2005 (PAIVA GONÇALVES), in: 184 CJ/STJ (2005), III, 264-266.

[41] CORREIA, L. Brito, *Os Administradores de Sociedades Anónimas*, 592, Almedina, Coimbra, 1993; Acórdão do STJ de 23-X-2013 (LEONES DANTAS), in: 251 CJ/STJ (2013), III, 276-277 (com texto integral in: www.colectaneadejurisprudencia.com); Acórdão do STJ de 9-IV-2008 (SOUSA GRANDÃO), in: www.dgsi.pt. (Proc. n.º 07S1695).

grupo". Tal significa que o âmbito subjetivo da proibição legal se estende para além da própria sociedade, impedindo igualmente os respetivos administradores de celebrar tais contratos *com outras sociedades integradas no perímetro do mesmo grupo* (desde que, naturalmente, os laços intersocietários se possam reconduzir às relações previstas nos arts. 482.º, c) e d), 486.º e 488.º e ss. do CSC).[42]

VI. Por fim, mas não menos importante, ela abrange, não apenas a celebração de tais contratos durante o período para o qual foi designado administrador e com vista ao exercício concomitante de tais funções, mas também os casos em que o administrador, antes da sua designação, exercia já funções na sociedade ao abrigo de contrato de trabalho ou de prestação de serviços (cf. também implicitamente o art. 398.º, n.º 2 do CSC)[43] e os casos em que o administrador celebrou tais contratos com vista ao exercício futuro dessas funções após o termo da relação de administração (cf. art. 398.º, n.º 1, parte final, do CSC)[44]. Numa palavra, *a proibição de cúmulo de funções é aplicável independentemente de a constituição dos vínculos laborais ou de prestação de serviços ser anterior, contemporânea ou posterior à relação de administração.*[45]

[42] Ramalho, M. Palma, *Grupos Empresariais e Societários – Incidências Laborais*, 519 e ss., Almedina, Coimbra, 2008. Fora da proibição fica apenas o exercício pelo administrador de funções de administrador noutras sociedades em relação de domínio ou de grupo – e isto, sem prejuízo das eventuais incompatibilidades societárias aplicáveis no caso concreto.

[43] "Estão, evidentemente, abrangidos os casos em que o administrador, antes da designação como tal, já exercia na sociedade funções ao abrigo do contrato de trabalho" (Martins, A. Soveral, *Artigo 398.º*, 339, in: AAVV, "Código das Sociedades Comerciais em Comentário", vol. VI, 335-350, Almedina, Coimbra, 2013). Sobre tais contratos, vide *infra* II – §§ 2.3 e 2.4.

[44] "Proibida é, também, a celebração de contratos de trabalho subordinado ou autónomo, para surtir efeitos após a cessação das funções de administrador" (Cordeiro, A. Menezes (coord.), *Código das Sociedades Comerciais Anotado*, 1063, 2.ª edição, 1061-1064, Almedina, Coimbra, 2011). Sobre os contratos "antedatados", vide o Acórdão do STJ de 11-II-2004 (Ferreira Neto), in: 516 AD (2004), 1911-1923.

[45] Também assim o Acórdão da RP de 9-IX-2013 (Machado da Silva): "Tem a referida jurisprudência entendido que o art. 398.º do CSC não admite o cúmulo, num mesmo sujeito, das qualidades de Administrador de uma sociedade anónima (ou de Presidente de uma Cooperativa) e de trabalhador, subordinado ou autónomo, dessa mesma sociedade ou cooperativa, seja a constituição do vínculo laboral anterior, simultânea ou posterior à da relação de administração, entendimento este que sufragamos" (in: www.dgsi.pt – Proc. n.º 319/10.2TTGDM.P1).

VII. O regime legal, relativo ao âmbito de aplicação da proibição de cúmulo, levanta vários *problemas especiais* que o legislador não esclareceu – mas que, extravasando o objeto particular do presente estudo, deixaremos agora de lado: designadamente, se a proibição também é aplicável ao administrador único (arts. 278.º, n.º 2 e 390.º, n.º 2 do CSC) e aos administradores que integram a comissão de auditoria nas sociedades anónimas de modelo anglo-saxónico (arts. 278.º, n.º 1, b), 414.º-A, n.º 1, e), 423.º-B, n.º 3, e 423.º-H do CSC)[46]; se a proibição é extensível analogicamente aos gerentes das sociedades por quotas[47]; ou ainda se a proibição, nas relações de domínio ou de grupo, funciona independentemente de o administrador celebrar os contratos proibidos com a sociedade-mãe ou dominante ou também com a sociedade-filha ou dominada.[48]

VIII. *Em síntese*: o administrador de uma sociedade anónima está impedido de exercer nela outras funções, seja a título permanente ou temporário, seja na mesma sociedade ou em sociedade que com esta esteja em relação de domínio ou de grupo, seja ao abrigo de um contrato de trabalho ou de um contrato de prestação de serviços, seja a constituição do vínculo contratual anterior, simultânea ou posterior à constituição da relação de administração.

[46] MARTINS, A. Soveral, *Artigo 398.º*, 337, in: AAVV, "Código das Sociedades Comerciais em Comentário", vol. VI, 335-350, Almedina, Coimbra, 2013.

[47] TABORDA, M. Sande, *Análise do Artigo 398.º, n.º 1 do CSC e a Sua Aplicação Analógica às Sociedades por Quotas*, Diss., Lisboa, 2017. Num sentido negativo, o Acórdão do STJ de 29-IX-1999 (J. ANTÓNIO MESQUITA): "De resto, seria no mínimo muito estranho que o legislador do Código das Sociedades Comerciais, tendo pensado no problema, querido a solução, vazando-a expressamente no art. 398 para as sociedades anónimas, não tenha adoptado expressamente o mesmo regime para as sociedades por quotas se desejasse que lhes fosse aplicável" (in: VII CJ/STJ (1999), III, 248-251 (250)).

[48] ABREU, J. Coutinho, *Administradores e Trabalhadores de Sociedades (Cúmulos e Não)*, 21, in: AAVV, "Temas Societários", 9-21, Almedina, Coimbra, 2006; MARTINS, A. Soveral, *Artigo 398.º*, 338, in: AAVV, "Código das Sociedades Comerciais em Comentário", vol. VI, 335-350, Almedina, Coimbra, 2013; VENTURA, Raúl, *Novos Estudos sobre Sociedades Anónimas e Sociedades em Nome Colectivo*, 193, Almedina, Coimbra, 1994.

2. Consequências da sua Violação

I. Diferente da questão do âmbito de aplicação da proibição legal do art. 398.º, n.º 1, é a questão das *consequências jurídicas da sua violação*. A este respeito, deve ser sublinhado que o legislador português não curou de estabelecer um regime próprio e unitário, tendo-se limitado a prever soluções fragmentárias para determinadas situações especiais (art. 398.º, n.º 2 do CSC). Há assim que distinguir.

II. Constituindo o art. 398.º, n.º 1 do CSC uma norma de natureza imperativa, que não pode ser derrogada pelos estatutos sociais ou por vontade das partes[49], e não se encontrando nela prevista nenhuma sanção geral para os vínculos contratuais celebrados ou mantidos entre o administrador e a sociedade em violação da proibição legal, a *consequência geral* aplicável consistirá na *nulidade* dos contratos celebrados: tal o que resulta, nos termos gerais, do art. 280.º, n.º 1 ("é nulo o negócio cujo objeto seja (...) contrário à lei") e do art. 294.º ("os negócios celebrados contra disposição legal de caráter imperativo são nulos, salvo nos casos em que outra solução resulte da lei"), ambos do CCivil.[50]

III. Todavia, a lei já previu *consequências especiais para o caso específico dos contratos celebrados anteriormente ao início da relação de administração*: nos termos do art. 398.º, n.º 2 do CSC, "quando for designado administrador uma pessoa que, na sociedade ou em sociedades referidas no número anterior, exerça qualquer das funções mencionadas no mesmo número, os contratos relativos a tais funções extinguem-se, se tiverem sido celebrados há menos de um ano antes da designação, ou suspendem-se, caso tenham durado mais do que esse ano". Tal significa que o legislador previu consequências especiais para os contratos de trabalho ou de prestação de serviços pendentes ou existentes à data do início da relação de administração, consequências essas que são determinadas em função da respetiva antiguidade: a *extinção*

[49] Sobre tal natureza jurídica, vide *supra* II – § 1.5.

[50] Também neste sentido o Acórdão do STJ de 7-III-2007 (Fernandes Cadilha): "Não estabelecendo o citado artigo 398.º do CSC qualquer sanção específica para a celebração de contrato de trabalho entre a sociedade e o administrador, há que aplicar a regra geral do artigo 294.º, que, na ausência de regime especial, comina com a nulidade a violação de norma imperativa" (in: 198 CJ/STJ (2007), I, 276-280).

(para os contratos com menos de um ano) ou a *suspensão* (para os contratos com mais de um ano).[51]

IV. Vejamos, pois, tais consequências jurídicas separadamente.

3. Os Contratos com Duração Inferior a um Ano

I. A primeira situação é a dos *contratos (de trabalho ou de prestação de serviços) celebrados no ano anterior à data do início da relação de administração*, relativamente à qual o legislador previu a consequência jurídica da respetiva *extinção* (art. 398.º, n.º 2, 1.ª parte). Justificam-se aqui breves considerações sobre a razão de ser e a natureza desta consequência.

II. A *razão de ser* de tal consequência drástica, prevista pela lei, reside na *presunção legal do caráter fraudulento desses contratos*, ou seja, na presunção de que os contratos de trabalho ou de prestação de serviços haviam sido celebrados anteriormente entre a sociedade e o seu (futuro) administrador com o intuito de defraudar as regras jussocietárias relativas ao estatuto jurídico dos administradores, permitindo ao administrador assegurar, após o termo do seu mandato de administração, a manutenção de um vínculo jurídico estável, duradouro e remunerado com a sociedade, com as garantias que são próprias do estatuto de trabalhador.

Esta teleologia subjacente à sanção de extinção contratual, prevista para os contratos pendentes de duração inferior a 1 ano, transparece muito vivamente das palavras de Raúl Ventura, com a autoridade inerente à sua qualidade de Autor do projeto do CSC e, portanto, do próprio preceito em apreço[52]: "Em Portugal tinha começado, pelo menos na década de 80, em

[51] Sobre o regime dos chamados contratos "pendentes", vide Abreu, J. Coutinho, *Administradores e Trabalhadores de Sociedades (Cúmulos e Não)*, 15 e ss., in: AAVV, "Temas Societários", 9-21, Almedina, Coimbra, 2006; Cordeiro, A. Menezes (coord.), *Código das Sociedades Comerciais Anotado*, 1063, 2.ª edição, 1061-1064, Almedina, Coimbra, 2011; Martins, A. Soveral, *Artigo 398.º*, 340 e ss., in: AAVV, "Código das Sociedades Comerciais em Comentário", vol. VI, 335-350, Almedina, Coimbra, 2013; Ventura, Raúl, *Nota sobre a Interpretação do Artigo 398.º do Código das Sociedades Comerciais*, 263 e ss., in: 125 "O Direito" (1993), 261-265.

[52] O art. 404.º do "Projeto do Código das Sociedades Comerciais", correspondente ao atual art. 398.º do CSC, tinha já uma redação exatamente idêntica à deste último (Ministério

algumas sociedades, a nomeação de administradores, durante o exercício deste cargo, para funções (geralmente de quadros, por exemplo, diretores) na mesma sociedade ou em sociedades daquelas dependentes. A fim de evitar possíveis dificuldades jurídicas, esses contratos de trabalho previam que o seu início coincidiria com o termo das funções de administrador, por qualquer motivo. A intenção dessa prática é tão óbvia que desnecessita explicações, mas era uma prática repugnante, pois implicava o aproveitamento do cargo de administrador para garantir o seu futuro, à custa da sociedade administrada".[53]

Pode assim dizer-se que o legislador societário – à semelhança do que fez para prevenir o defraudamento do estatuto jurídico de outros atores societários, mormente os sócios (restituição indireta das obrigações de entrada: cf. art. 29.º do CSC) – fixou assim um *"período de suspeição"* cuja inobservância ocasiona, automaticamente e por mera força da lei, a extinção por caducidade dos contratos celebrados: e isto porque reputou tais contratos como presumivelmente fraudulentos, havendo até o risco de se tratar de contratos puramente fictícios que nunca venham sequer a ser executados.[54]

da Justiça, *Código das Sociedades (Projecto)*, 246, Lisboa, 1983).

[53] Ventura, Raúl, *Nota sobre a Interpretação do Artigo 398.º do Código das Sociedades Comerciais*, 263, in: 125 "O Direito" (1993), 261-265; assim também o mesmo Autor em *Novos Estudos sobre Sociedades Anónimas e Sociedades em Nome Colectivo*, 192, Almedina, Coimbra, 1994.

[54] Sublinham esta "ratio" legal", a nossa doutrina e jurisprudência dominantes: "Ter-se-á pretendido evitar impedimentos ao funcionamento do princípio da livre destituição de administrador e obstar à efetivação de intuitos fraudulentos – à celebração de contrato de trabalho fictício que permitiria ao administrador, após o termo da relação de administração, continuar ligado à sociedade (como trabalhador)" (Abreu, J. Coutinho, *Administradores e Trabalhadores de Sociedades (Cúmulos e Não)*, 16, in: AAVV, "Temas Societários", 9-21, Almedina, Coimbra, 2006); "A celebração de tais contratos dentro do ano anterior ao da designação deixa pairar a suspeita de que se visou assegurar a posição do (futuro) administrador, contornando a proibição do art. 398.º, n.º 1" (Cordeiro, A. Menezes (coord.), *Código das Sociedades Comerciais Anotado*, 1063, 2.ª edição, 1061-1064, Almedina, Coimbra, 2011); "Aparentemente, pretendeu-se evitar que a sociedade procurasse garantir ao sujeito a designar um lugar na sociedade para o caso de vir a ser posteriormente destituído. O ano anterior à designação seria um período de suspeição" (Martins, A. Soveral, *Artigo 398.º*, 340, in: AAVV, "Código das Sociedades Comerciais em Comentário", vol. VI, 335-350, Almedina, Coimbra, 2013); "Nos tempos actuais, em que situações desta natureza ocorrem com alguma frequência – com um trabalhador a iniciar a sua carreira profissional enquanto tal, com uma relação laboral subordinada à empresa e, posteriormente, passar a desempenhar o cargo de Administrador da mesma empresa – v.g.,

III. Já quanto à sua *natureza*, encontramo-nos diante de uma causa de *caducidade do contrato por impossibilidade superveniente*: os contratos celebrados entre a sociedade e o (futuro) administrador durante esse período caducam automaticamente e por mera força da lei. Num sentido amplo, a caducidade (do latim "caducus") designa genericamente qualquer facto ou evento superveniente a que a lei ou o próprio contrato atribuam um efeito extintivo do vínculo contratual (v.g., morte ou extinção dos contraentes, destruição de coisa objeto do contrato, etc.)[55]; também no Direito do Trabalho foi acolhido este sentido amplo de caducidade, ao prever-se como causa de caducidade do contrato de trabalho a "impossibilidade superveniente, absoluta e definitiva, de o trabalhador prestar o seu trabalho ou de o empregador o receber" (art. 343.º, b) do CT). A doutrina e a jurisprudência juslaboralistas portuguesas, além disso, vêm admitindo que o caráter definitivo e absoluto da impossibilidade de o trabalhador prestar o seu trabalho não se afere em termos puramente naturalísticos mas jurídicos, abrangendo, designadamente, os casos em que a atividade que o trabalhador desempenhava vem a ser proibida por lei ou em que o trabalhador deixa de reunir os requisitos legais exigidos para o desempenho dessa atividade (v.g., falta do

por via de reestruturação orgânica das empresas com a supressão de inúmeros cargos de chefia, da fusão de empresas e até da deslocalização destas, urge, mais do que nunca, atalhar a possibilidade de ocorrência de *situações fraudulentas* através da delimitação entre a prestação de trabalho subordinado e o desempenho de funções de Administração" (Acórdão do STJ de 17-XI-2016 (A. Luísa Geraldes), in: www.dgsi.pt. (Proc. n.º 394/10.0TTTVD.L1.S1)); "É lícito, razoavelmente, temer que o Administrador tenha condicionado a aceitação da designação à obtenção de um vínculo que, apesar de anterior – ao menos formalmente – ao exercício do cargo, se projecta sobretudo no futuro, uma vez cessada a Administração. A questão com que se defronta em tais casos o ordenamento reside justamente em evitar celebrações de contratos temporalmente próximos da designação e presumivelmente fraudulentos, para conseguir a manutenção, após a cessação do cargo de Administrador, de um vínculo remunerado com a sociedade" (Acórdão do STJ de 9-IV-2008 (Sousa Grandão), in: www.dgsi.pt. – Proc. n.º 07S1695); "Assim, perante a nomeação como administrador da sociedade de um seu trabalhador cujo contrato de trabalho tenha sido celebrado há menos de um ano, o n.º 2 do art. 398.º do CSC estabelece a extinção do contrato por a escassa duração do vínculo fazer avolumar o receio de fraude" (Acórdão do STJ de 23-X-2013 (A. Leones Dantas), in: 251 CJ/STJ (2013), III, 276-277, com texto integral in: www.colectanea dejurisprudencia.com).

[55] Sobre o instituto da caducidade em geral, vide Cordeiro, A. Menezes, *Tratado de Direito Civil*, vol. V, 240 e ss., 2.ª edição, Almedina, Coimbra, 2015; sobre a caducidade como causa ou forma específica de extinção dos contratos, Martinez, P. Romano, *A Cessação do Contrato*, 45 e ss., 3.ª edição, Almedina, Coimbra, 2015.

título profissional: cf. art. 117.º, n.º 2 do CT)[56]. Ora, tal justamente o caso em apreço. Tendo a lei proibido o cúmulo administrador/trabalhador, a designação superveniente do trabalhador para a administração social durante o "período suspeito" fixado na lei determina a impossibilidade absoluta e definitiva de aquele continuar a desempenhar funções laborais: o caráter absoluto e definitivo dessa impossibilidade resulta inequivocamente, quanto a nós, da presunção legal inilidível do caráter fraudulento do contrato de trabalho celebrado, o qual sempre determinaria forçosamente, aliás, a sua nulidade nos termos gerais dos arts. 122.º e 124.º do CT.

4. Os Contratos com Duração Superior a Um Ano

I. A outra situação prevista na lei é a *dos contratos (de trabalho ou de prestação de serviços) celebrados há mais de um ano contado a partir da data de início da relação de administração*, relativamente à qual o legislador previu a consequência da *suspensão* (art. 398.º, n.º 2, 2.ª parte). A razão de ser e a natureza desta consequência jurídica já são diversas da anterior, merecendo também breve apontamento.

II. Ultrapassado o período suspeito previsto na lei, durante o qual o legislador presumiu inilidivelmente o "animus fraudandi" das partes contratantes, se é verdade que deixaram de existir razões de ordem pública para fazer cessar automaticamente os contratos celebrados (art. 398.º, n.º 2, 1.ª parte), não menos verdade é que continua a subsistir a necessidade de dar cumprimento à proibição geral de acumulação do cargo de administrador com o exercício de quaisquer outras funções na vigência da relação de administração (art. 398.º, n.º 1). A suspensão dos contratos corresponde justamente à solução encontrada pelo legislador para *conciliar* os interesses aqui em jogo nessa situação: por um lado, os interesses gerais do direito

[56] Sobre a questão, vide Amado, J. Leal, *O Contrato de Trabalho,* 299, Almedina, Coimbra, 2016; Martins, P. Furtado, *A Cessação do Contrato de Trabalho,* 75 e ss., 3.ª edição, Principia, Lisboa, 2012; Martinez, P. Romano, *Direito do Trabalho,* 946 e ss., 8.ª edição, Almedina, Coimbra, 2017; Ramalho, M. Palma, *Direito do Trabalho,* Parte II ("Situações Laborais Individuais"), 768 e ss., 6.ª edição, Almedina, Coimbra, 2016; Xavier, B. Lobo, *Manual de Direito do Trabalho,* 740 e s., 3.ª edição, Rei dos Livros, Lisboa, 2018; divergentemente, Gomes, J. Vieira, *Direito do Trabalho,* vol. I, 915 e ss., Coimbra Editora, Coimbra, 2007.

societário em vedar a existência de situações de cúmulo das funções de administração com outras funções, com vista a prevenir a ocorrência de conflitos de interesse, a subversão do modelo legal do governo societário e o esvaziamento do estatuto jurídico próprio dos administradores; por outro lado, os interesses das sociedades em designar para lugares de administração indivíduos que eram já seus trabalhadores ou prestadores de serviço de longa data (e onde, por conseguinte, o risco de fraude não se colocava) e os interesses desses trabalhadores ou prestadores à manutenção dos respetivos vínculos contratuais após a cessação do seu mandato de administração.[57]

III. Sendo esta a razão de ser da consequência cominada na lei, percebe-se que seja também diferente a sua *natureza* jurídica. Uma vez desaparecida a mácula de suspeição que gravava os contratos até ao termo do seu primeiro ano de duração, e que reclamara a sua "morte", o legislador recorreu compreensivelmente ao instituto da suspensão do contrato, que coloca aqueles num estado de mera "letargia" ou de "hibernação": com efeito, afastado o espectro da fraude, a implementação do objetivo último da lei – impedir o cúmulo de funções de gestão social e de trabalho subordinado – não exigia menos mas também não exigia mais.

IV. Em suma, pode assim dizer-se que o legislador societário – coerentemente com o princípio geral da incompatibilidade absoluta das funções de administração com outras funções na mesma sociedade, ou do cúmulo de funções (art. 398.º, n.º 1 do CSC) – veio consagrar um *regime de primazia do contrato de administração* em face dos demais contratos pendentes ou já existentes celebrados pelo (futuro) administrador: *a única diferença está em que, nuns casos, previu a sua suspensão, e noutros, por mor da presunção de fraude, a sua extinção.*[58]

[57] Assim também M. Sande Taborda: "Com esta solução, o legislador procurou conciliar o interesse da sociedade em designar como administradores sujeitos que já sejam seus trabalhadores subordinados e simultaneamente garantir a tutela geral dos trabalhadores em matéria de posto de trabalho, que é assegurada com o regresso do trabalhador a esse posto de trabalho, uma vez cessadas as funções de administração" (*Análise do Artigo 398.º, n.º 1 do CSC e a Sua Aplicação Analógica às Sociedades por Quotas*, 34 e s., Diss., Lisboa, 2017).

[58] Também assim Ventura, Raúl, *Nota sobre a Interpretação do Artigo 398.º do Código das Sociedades Comerciais*, 263, in: 125 "O Direito" (1993), 261-265.

V. A terminar, chame-se ainda a atenção para o facto de o art. 398.º, n.º 2 do CSC não ter previsto consequências particulares para os demais contratos de trabalho ou prestação de serviços. Aqui se incluem os contratos celebrados *anteriormente* à vigência da relação de administração que possuam uma antiguidade ou duração exata de um ano (ou seja, que tenham sido celebrados exatamente há um ano contado a partir da data do início da relação de administração)[59]; os contratos *contemporaneamente* celebrados à vigência da relação de administração que tenham por objeto o exercício pelo administrador de funções de trabalho ou de prestação de serviços exclusivamente durante o período dessa relação (ou seja, contratos de trabalho e de prestação de serviços destinados a cessarem até ao termo da relação de administração)[60]; e os contratos celebrados na vigência da relação de administração que visem o exercício das funções laborais ou de serviços *posteriormente* à cessação das funções de administração (art. 398.º, n.º 1, "in fine", do CSC)[61]. Em aplicação da sanção geral atrás vista, todos estes contratos (de trabalho ou de prestação de serviços) serão, em

[59] Sobre tal situação – que coloca assim os contratos "pendentes" com um ano exato de duração numa espécie de limbo jurídico ou "terra de ninguém", que caberá ao intérprete e ao julgador solucionar –, vide Cunha, P. Olavo, *Direito das Sociedades Comerciais,* 794, 6.ª edição, Almedina, Coimbra, 2016; Martins, A. Soveral, *Artigo 398.º,* 340, in: AAVV, "Código das Sociedades Comerciais em Comentário", vol. VI, 335-350, Almedina, Coimbra, 2013.

[60] "O n.º 1 não diz o que acontece aos contratos de trabalho, subordinados ou autónomos, que apenas sejam celebrados durante o período de designação de administração e que visem o exercício das funções ali mencionadas durante esse mesmo período. A lei não diz sequer que esses trabalhos não podem ser celebrados. Contudo, não teria sentido que a lei proibisse o exercício dessas funções e não proibisse a celebração do contrato que as visasse. Em bom rigor, o objeto do contrato seria contrário à lei" (Martins, A. Soveral, *Artigo 398.º,* 340, in: AAVV, "Código das Sociedades Comerciais em Comentário", vol. VI, 335-350, Almedina, Coimbra, 2013).

[61] Também neste sentido aponta Raúl Ventura, que acrescenta que "mesmo que tal norma expressa não existisse, a nulidade do contrato decorreria sempre da contradição com os bons costumes" (*Nota sobre a Interpretação do artigo 398.º do Código das Sociedades Comerciais,* 263, in: 125 "O Direito" (1993), 261-265). Convergentemente, Abreu, J. Coutinho, *Administradores e Trabalhadores de Sociedades (Cúmulos e Não),* 20, in: AAVV, "Temas Societários", 9-21, Almedina, Coimbra, 2006; Acórdão do STJ de 7-III-2007 (Fernandes Cadilha), onde se reputou nulo o contrato de trabalho celebrado pelo administrador de Caixa de Crédito Agrícola, com vista ao desempenho de funções de diretor executivo após a sua saída da administração (in: 198 CJ/STJ (2007), I, 276-280).

princípio, de reputar *nulos*, nos termos gerais do art. 398.º, n.º 1 do CSC e dos arts. 280.º, 281.º e 294.º do CCivil.

5. A Proibição de Cúmulo Administrador/Trabalhador

I. Por razões que se prendem com o objeto do presente estudo, justifica-se centrar agora a nossa atenção no caso específico da acumulação, num mesmo indivíduo, das funções de membro do órgão de administração com as de trabalhador subordinado numa mesma sociedade. Aplicando as reflexões atrás expendidas a respeito do regime legal do art. 398.º, n.º 1 e n.º 2 do CSC ao cúmulo das funções de administrador e trabalhador, existem, em síntese, duas situações fundamentais a considerar.

II. Uma é a figura do *trabalhador-administrador*, que visa traduzir a situação do administrador que era já trabalhador da sociedade ao momento da sua designação para aquele cargo: trata-se, pois, dos casos em que um indivíduo que possui um contrato de trabalho com uma sociedade anónima é entretanto eleito ou nomeado como membro do respetivo órgão de administração. O regime aplicável ao contrato de trabalho varia aqui consoante a sua duração ou antiguidade[62]: os contratos de duração inferior a um ano extinguem-se por caducidade, em virtude da presunção legal inilidível do seu caráter fraudulento, deixando assim de produzir quaisquer efeitos jurídicos a partir da data em que o trabalhador assumiu o cargo de administrador; e os contratos de duração superior a um ano suspendem-se se e enquanto o trabalhador exercer as suas funções de administrador na sociedade (ou outras sociedades coligadas), retomando os seus efeitos próprios após essa mesma data.

III. Outra é a figura é a do *administrador-trabalhador*, entendendo por tal o administrador que apenas se tornou trabalhador em momento posterior ao da sua designação para aquele cargo social: agora, tratamos dos casos em que um indivíduo, tendo sido eleito ou nomeado como titular do órgão

[62] Por mera comodidade de exposição, falamos aqui de duração ou antiguidade num sentido lato, para designar o tempo de vigência do contrato de trabalho contado desde a sua celebração até à data de início das funções de administração pelo trabalhador.

de administração social, vem posteriormente a concluir com a sociedade um contrato de trabalho, com vista ao exercício de funções laborais na vigência da relação de administração e/ou após a cessação dessa relação. Ao contrário da figura anterior, o regime aplicável a tais contratos será sempre o mesmo, independentemente da sua duração ou de outras características contratuais: tais contratos são nulos (art. 398.º, n.º 1 do CSC, arts. 280.º, n.º 1 e 294.º do CCivil), podendo tal nulidade ser declarada oficiosamente pelo tribunal ou invocada a todo o tempo por qualquer interessado (art. 286.º do CCivil).

IV. Deste quadro geral resulta inequivocamente que o cúmulo de contratos de administração e contratos de trabalho, qualquer que seja a forma que assumam (trabalhador-administrador ou administrador-trabalhador), foi resolvido pelo legislador português na base de *uma primazia dos primeiros em detrimento dos últimos*: a lei determinou que, para os contratos de administração sobreviverem, os contratos de trabalho, consoante os casos, serão *nulos*, serão *extintos* ou serão *suspensos*. Esta opção legislativa fundamental transparece muito claramente, uma vez mais, das palavras autorizadas do autor do projeto do CSC. Quer no caso da suspensão, quer no caso da extinção dos contratos de trabalho, "a acumulação de funções continua proibida e é evitada com o sacrifício do contrato de trabalho", variando apenas o seu destino consoante a respetiva antiguidade: "se essa duração tiver sido inferior a um ano, o contrato de trabalho extingue-se; no caso de ter sido superior a um ano, o contrato de trabalho suspende-se" (RAÚL VENTURA).[63]

[63] *Nota sobre a Interpretação do Artigo 398.º do Código das Sociedades Comerciais,* 263 e s., in: 125 "O Direito" (1993), 261-265.

III.
A Questão da Constitucionalidade do Artigo 398.º, n.º 2, 1.ª parte

§1 A QUESTÃO

I. Esclarecidos os aspetos gerais do preceito em apreço, bem como analisado o respetivo regime legal, chegou o momento de nos referirmos à controvérsia doutrinal e jurisprudencial em torno da constitucionalidade do art. 398.º, n.os 1 e 2 do CSC – e, muito em especial, da 1.ª parte do n.º 2.

II. Antes do mais, cumpre salientar que o *Tribunal Constitucional* já proferiu vários acórdãos relativamente à questão da constitucionalidade do art. 398.º, n.º 1 e n.º 2 (1.ª parte e 2.ª parte). São eles:

- o Acórdão n.º 1018/96, de 9 de outubro (BRAVO SERRA)[64] e o Acórdão n.º 626/2011, de 19 de dezembro (M. JOÃO ANTUNES)[65], relativos à apreciação da constitucionalidade formal da norma do art. 398.º, n.º 2, 1.ª parte, do CSC, que estabelece a extinção dos contratos de trabalho com duração inferior a um ano;

[64] In: 35 ATC (1996), 207-213.

[65] In: 80 ATC (2011), 431-437.

- o Acórdão n.º 259/2001, de 30 de maio (V. Nunes de Almeida)[66], relativo à apreciação da constitucionalidade formal da norma do art. 398.º, n.º 2, 2.ª parte, do CSC, que estabelece a suspensão dos contratos de trabalho com duração superior a um ano; e
- o Acórdão n.º 539/2007, de 30 de outubro (J. Sousa Ribeiro)[67], relativo à apreciação da constitucionalidade formal e material da norma do art. 398.º, n.º 1, do CSC, que estabelece a nulidade dos contratos de trabalho celebrados em violação da proibição de cúmulo com as funções de administração.

III. Atento o objeto particular do presente estudo, centraremos as nossas atenções na questão relativa à *constitucionalidade do art. 398.º, n.º 2, 1.ª parte*, do CSC, que estabelece a extinção dos contratos de trabalho com duração inferior a um ano. Tal questão pode ser formulada, de modo sintético, nos seguintes termos: *o art. 398.º, n.º 2 do CSC, na parte em que prevê a extinção dos contratos de trabalho celebrados há menos de um ano por quem venha a ser designado como administrador de uma sociedade, viola o direito de participação dos organismos representativos dos trabalhadores na elaboração da legislação do trabalho, consagrado nos arts. 54.º, n.º 5, d) e 56.º, n.º 2, a) da CRP?*

IV. Esta questão tem sido objeto de uma assinalável *controvérsia doutrinal e jurisprudencial* ao longo dos anos. Um setor dos autores e dos tribunais sustenta que tal norma é inconstitucional (mormente, com fundamento na natureza laboral da norma e na falta da participação dos organismos representativos dos trabalhadores na respetiva elaboração), ao passo que outro setor entende que tal norma é constitucional (mormente, com fundamento na natureza comercial, e não laboral, do preceito em apreço, com a consequente inaplicabilidade daqueles comandos constitucionais).

V. Saliente-se, por outro lado, *que a questão não se consolidou definitivamente ao nível do próprio Tribunal Constitucional*. É indubitável que este Tribunal se pronunciou pela inconstitucionalidade da norma do art. 398.º, n.º 2, 1.ª parte,

[66] In: 50 ATC (2001), 501-514 (também DR, II.ª série, n.º 254/2001, de 2 de novembro, 18263-18265).

[67] In: 70 ATC (2007), 38-38 (também DR, II.ª série, n.º 243/2007, de 19 de dezembro, 36410-36415).

do CSC nas suas duas únicas decisões proferidas sobre esta questão até à data: os citados Acórdãos n.º 1018/96, de 9 de outubro (BRAVO SERRA) e n.º 626/2011, de 19 de dezembro (M. JOÃO ANTUNES). Todavia, é necessário ter aqui presente os seguintes três aspetos fundamentais.

VI. Em primeiro lugar, tendo sido proferidas no âmbito de processos de fiscalização concreta, tais decisões são destituídas de força obrigatória geral: tais decisões produzem apenas efeitos "inter partes" e fazem caso julgado formal no respetivo processo (cf. art. 80.º, n.º 1 da LOFPTC), *mas não impedem que o próprio Tribunal venha a decidir em sentido diverso em processo de idêntica natureza*, que seja porventura submetido à sua apreciação, reputando de constitucional a norma legal em apreço (cf. art. 79.º-D, n.º 1 da LOFPTC)[68]. Recorde-se, aliás, a importância da decisão a tomar pelo Tribunal Constitucional em tal hipótese, atenta a regra prevista no art. 281.º, n.º 3 da CRP e no art. 82.º da LOFPTC: caso este Tribunal se venha futuramente a pronunciar no mesmo sentido das decisões anteriores, tal poderá dar origem a um *processo oficioso de fiscalização abstrata sucessiva da constitucionalidade*, por iniciativa de qualquer dos seus juízes ou do Ministério Público, o que exigirá daquele uma nova apreciação da questão, a qual – confirmando ou infirmando o sentido das anteriores decisões – será dotada, essa sim, de força obrigatória geral.

VII. Em segundo lugar, é mister salientar que a tese da inconstitucionalidade *não é sequer consensual ou pacífica no seio do próprio Tribunal*, existindo vozes dissonantes a tal respeito: assim sucedeu no caso do Acórdão n.º 626/2011, de 19 de dezembro, que foi aprovado pela maioria e não unanimidade dos seus membros (voto de vencido do Juiz-Conselheiro A. PAMPLONA DE OLIVEIRA).[69]

VIII. Em terceiro e último lugar, convirá ainda relembrar que o mesmo Tribunal Constitucional *já se pronunciou pela constitucionalidade* da norma do art. 398.º, n.º 1 – Acórdão n.º 539/2007, de 30 de outubro (J. SOUSA RIBEIRO) – e da norma do art. 398.º, n.º 2, 2.ª parte – Acórdão n.º 259/2001, de 30 de maio (V. NUNES DE ALMEIDA): ora, dada a unidade de sentido e de

[68] Sobre os efeitos da decisão de inconstitucionalidade, vide *infra* IV – § 1.4.

[69] Sobre este voto, e respetiva fundamentação, vide *infra* III – § 3.1 (II).

regime do art. 398.º, n.º 1 e n.º 2 do CSC, importa também perscrutar com atenção os motivos para entendimentos tão dissemelhantes em segmentos normativos tão próximos.[70]

IX. O objetivo das páginas seguintes será, pois, o de apresentar *uma súmula das principais tomadas de posição do Tribunal Constitucional, do Supremo Tribunal de Justiça e dos Tribunais das Relações, bem assim como da doutrina portuguesa*, formuladas até ao momento, sobre tal questão.

§2 A TESE DA INCONSTITUCIONALIDADE

1. A Jurisprudência do Tribunal Constitucional

I. A favor da tese da inconstitucionalidade, destaca-se, naturalmente, *o Acórdão do TC n.º 1018/96, de 9 de outubro (Bravo Serra)*, o qual veio julgar inconstitucional a norma do art. 398.º, n.º 2, 1.ª parte, do CSC por violação dos arts. 55.º, d) e 57.º, n.º 2, a) da CRP.[71]

II. As razões em que o Tribunal se estribou são fundamentalmente três: o caráter inovador da norma; a inserção da norma em apreço no conceito de legislação laboral; e a inobservância do direito de participação dos organismos representativos dos trabalhadores na sua elaboração. *Pela sua relevância central,* convirá determo-nos um pouco nelas, transcrevendo os trechos mais importantes do Acórdão.

III. O primeiro fundamento consiste no *caráter inovador da norma*: no entendimento do Tribunal, esta norma veio estatuir uma nova causa de extinção do contrato de trabalho, que não se encontrava até então prevista na lei laboral.

Nas palavras do próprio Tribunal: "2. O preceito do n.º 2 do art. 398.º, onde se insere a norma «suo specie», contém duas diferentes previsões: uma, referente à situação de uma pessoa designada administrador da sociedade que na mesma (ou numa outra que com ela esteja em relação de

[70] Sobre estes dois Acórdãos, vide *infra* § III – § 3.1. (III a V).

[71] In: 35 ATC (1996), 207-213.

domínio ou de grupo) desempenhava funções temporárias ou permanentes ao abrigo de vínculo decorrente de um contrato de trabalho, subordinado ou autónomo, celebrado há menos de um ano contado da designação; outra, respeitante a pessoa, também assim designada e que igualmente desempenhava tais funções, por via de contrato laboral, identicamente subordinado ou autónomo, mas cuja duração seja superior a um ano contado desde a designação como administrador. Ocorrendo esta segunda situação, comanda-se no falado n.º 2 do art. 398.º que o contrato de trabalho que ligava o administrador designado à sociedade se suspende, enquanto que, ocorrendo a primeira, tal contrato se extingue. Antes da vigência do Código das Sociedades Comerciais, e à míngua de norma que expressamente se debruçasse sobre a questão, a jurisprudência, ao menos a do nosso mais alto tribunal da ordem dos tribunais judiciais, vinha entendendo que, por um lado, nada na lei impedia o desempenho cumulativo de funções como trabalhador da sociedade e como administrador, por outro, afigurava-se como preferível que o contrato de trabalho se suspendesse temporariamente enquanto fossem exercidas as funções de administração, sendo que nenhuma referência se encontra naquela jurisprudência à circunstância de a suspensão não dever operar mesmo nos contratos celebrados há menos de um ano antes da data da designação como administrador (cfr. Acórdãos do STJ de 16 de Dezembro de 1983, no Boletim do Ministério da Justiça, n.º 332, 418 e segs., de 7 de Fevereiro de 1986, idem, n.º 354, 380 e segs., e nos Acórdãos Doutrinais, n.º 292, 500 e segs., e de 17 de Outubro de 1986, BMJ 499 e segs.; cfr., ainda, o preâmbulo do Decreto-Lei n.º 729/94, de 20 de Dezembro, e o Decreto-Lei n.º 16/76, de 14 de Janeiro, Monteiro Fernandes, Noções Fundamentais de Direito de Trabalho, 4.ª edição, 12 Vol., 65; cfr., sobre a questão de saber se as funções de administrador não devem ser muito mais aproximadas do mandato do que do contrato de trabalho, para além deste último autor – ob. e loc. citados – Raúl Ventura, Teoria da Relação Jurídica de Trabalho, 1.º vol., 296, e Abílio Neto, Direito de Trabalho, Sep. do BMJ 1979, 176).

3. Se bem que o escopo da norma ora em apreço seja, como se viu o já acima exposto – "breviter", o de estabelecer uma compatibilidade entre o desempenho, por banda, de uma mesma pessoa, de funções como administrador e como trabalhador de uma sociedade anónima (ou de trabalhador de uma outra sociedade ligada àquela onde exerce funções de administrador, mas que com esta está em relação de domínio ou de grupo), tendo

em vista impedir que os interesses da sociedade se não vejam eventualmente preteridos por outros interesses, estes dos trabalhadores, dos quais aquela pessoa dificilmente se poderia ver desligada –, o que é certo é que não deixa tal norma de ter um reflexo directo e imediato no conteúdo das relações laborais existentes entre aquele que é trabalhador da sociedade (e que veio a ser designado administrador) e esta mesma. Na verdade, é sabido que o exercício das funções de administrador é por natureza temporário e que o mesmo (desde que não tenha sido nomeado pelo Estado ou entidade a ele equiparada) pode ser destituído em qualquer momento por deliberação da assembleia geral (cfr. n.º 3 do art. 391.º e n.º 1 do art. 403.º, ambos do C.S.C.). Ora, sendo assim, torna-se claro que essa pessoa, que viu o contrato de trabalho, subordinado ou autónomo, elaborado há menos de um ano e que a vinculava à sociedade (ou na outra que com aquela estava numa relação de domínio ou de grupo), extinto por virtude da designação como administrador, fica espojada – findo o prazo de exercício das funções de administração ou se dessa actividade for destituído – de uma relação laboral, sem que exista causa ligada ao desempenho das funções como trabalhador.

4. Acontece, porém, que, aquando da edição do Decreto-Lei n.º 262/86, de 2 de Setembro – precisamente aquele que aprovou o Código das Sociedades Comerciais –, o contrato de trabalho, tal como se regulava no Decreto-Lei n.º 372-A/75, de 16 de Julho (com alterações introduzidas pelos Decreto-Lei n.º 84/76, de 28 de Janeiro, e n.º 841-C/76, de 7 de Dezembro e pela Lei n.º 48/77, de 1 de Novembro), extinguia-se por mútuo acordo das partes, por caducidade, por despedimento promovido pela entidade patronal ou gestor público, com justa causa, por despedimento colectivo ou por rescisão do trabalhador (cfr. art. 4.º. e segs. do dito diploma), comandando-se no seu art. 8.º que: «1. O contrato de trabalhe caduca nos casos previstos nos termos gerais de direito, nomeadamente: a) Expirado o prazo por que foi estabelecido; b) Verificando-se impossibilidade superveniente, absoluta e definitiva, de o trabalhador prestar o seu trabalho ou de a empresa o receber; c) Com a reforma do trabalhador. 2. Nos casos previstos na alínea b) do n.º 1, só se considera verificada a impossibilidade quando ambos os contraentes a conheçam ou devam conhecer». Poderá, desta sorte, dizer-se que a norma em questão veio ao fim e ao resto – na sua vertente de repercussão nos contratos de trabalho celebrados há menos de um ano entre uma sociedade anónima e os seus trabalhadores (ou os das

sociedades que se encontram numa relação de domínio ou de grupo com aquela), que foram designados para exercerem funções de administração – a estatuir uma nova causa de extinção, por caducidade, desses negócios jurídicos, causa essa não anteriormente contemplada. E nem se diga que tal estatuição, ínsita na norma em apreciação, poderia ancorar-se na alínea b) do n.º 1 do transcrito art.º 8.º, pois que decorre à evidência que a situação visada regular não cobre uma impossibilidade, ao menos definitiva. De outro lado, não colherá um argumento perante o qual os «termos gerais» do direito pré-vigente ao Código das Sociedades comerciais previam, num caso como o em análise, a caducidade do contrato laboral. A atestá-lo, estão as posições doutrinárias e jurisprudenciais já acima, perfunctória e de modo algum exaustivamente, recenseadas".

IV. O segundo fundamento reside no entendimento segundo o qual *a norma do art. 398.º, n.º 2, 1.ª parte, é uma norma enquadrável no conceito de "legislação laboral"*, para efeitos dos citados arts. 55.º, d) e 57.º, n.º 2, a) da CRP.

De novo, nas palavras do Tribunal: "Tendo a aludida norma, como acima se referiu, aquela repercussão directa e imediata, não se poderá deixar de a considerar como incluível no conceito de legislação do trabalho (tendo em conta a economia do presente aresto, limitar-nos-emos a, sobre tal conceito, fazer apelo ao que, a propósito, foi dito, por entre muitos outros, no Acórdão deste Tribunal n.º 362/94, in Diário da República 1.ª Série-A, de 15 de Junho de 1994 – cfr. ponto 1.2 de I)."

V. Por fim, o terceiro fundamento reside na *inobservância do direito constitucional de participação dos organismos representativos dos trabalhadores na elaboração da referida norma legal.*

Uma vez mais, atentemos nas palavras do Tribunal Constitucional: "Sucede, todavia, que não resulta minimamente do preâmbulo do D.L. n.º 262/86 – nem os autos fornecem ao Tribunal quaisquer outros elementos de onde se extraísse contrária conclusão – que, para a respectiva edição e, concretamente, no que se reporta ao que veio a ser consagrado no art. 398.º, n.º 2, do C.S.C., tivesse sido dada aos organismos representativos dos trabalhadores a possibilidade de intervirem, quanto à solução que ali veio a ser adoptada, naquilo que a Comissão Constitucional chamou de «intervenção na zona prévia e diversa da decisão legislativa formal» que nesse lugar teve assento (cfr. Parecer n.º 7/78, nos Pareceres da Comissão Constitucional,

6.º vol., 30 e segs.), tal como se impõe hoje na alínea d) do n.º 5 do artigo 54.º e alínea a) do n.º 2 do artigo 56.º, ambos da Constituição, e se impunha, no domínio da versão da Lei Fundamental vigente em 1986, na alínea d) do artigo 55.º e na alínea a) do n.º 2 do artigo 57.º, intervenção essa expressa e regulada, ao nível da legislação ordinária, pela Lei n.º 45-A/94."

VI. Com estes fundamentos, foi a seguinte a *decisão deste Tribunal*: "Julgar inconstitucional, por violação do disposto na alínea d) do art. 55.º e na alínea a) do n.º 2 do art. 57.º, um e outro da Constituição, na versão operada pela Lei Constitucional n.º 1/82, de 30 de Setembro, a norma constante do n.º 2 do art. 398.º do Código das Sociedades Comerciais aprovado pelo Decreto-Lei n.º 262/86, de 2 de Setembro, na parte em que considera extintos os contratos de trabalho, subordinado ou autónomo, celebrados há menos de um ano contado desde a data da designação de uma pessoa como administrador e a sociedade que, com aquela, estejam em relação de domínio ou de grupo".

VII. No mesmo sentido e com os mesmos fundamentos, viria a pronunciar-se mais tarde o mesmo Tribunal Constitucional no seu *Acórdão n.º 626/2011, de 19 de dezembro (M. João Antunes)*[72]. Após transcrever na íntegra as passagens essenciais do Acórdão do TC n.º 1018/96, atrás exposto, o Tribunal conclui da seguinte forma: "É este entendimento que agora se reitera: a norma em apreciação enquadra-se no conceito de "legislação laboral", é inovadora e não resulta do preâmbulo do Decreto-Lei n.º 262/86 que tivesse sido dada aos organismos representativos dos trabalhadores a possibilidade de participarem na elaboração do artigo 398.º, n.º 2. Há, por isso, que a julgar inconstitucional, por violação dos artigos 55.º, alínea d), e 57.º, n.º 2, alínea a), da Constituição da República Portuguesa, na redação vigente em 1986".

2. A Jurisprudência do STJ e das Relações

I. No plano da *jurisprudência do STJ e das Relações*, podem destacar-se os seguintes Acórdãos no sentido da tese da inconstitucionalidade.[73]

[72] In: 80 ATC (2011), 431-437.

[73] Expostos por ordem de instância e ordem cronológica descendentes.

II. O *Acórdão do STJ de 12-IX-2013 (Fernandes da Silva)* menciona o seguinte: "Refira-se que em qualquer caso, mesmo se caso fosse aplicável o n.º 1 do art. 398.º do CSC, a solução a adotar não seria diferente da exposta, visto esta norma ser igualmente inconstitucional por igualmente manifesta violação das apontadas normas dos arts. 55.º, alínea d), e 57.º, n.º 2, alínea a), da Constituição da República Portuguesa."[74]

III. O *Acórdão do STJ de 22-X-1997 (Almeida Devesa)* expõe igualmente: "O n.º 2 do art. 398.º do CSC, na parte em que considera extintos os contratos de trabalho celebrados há menos de um ano contado desde a data da designação de uma pessoa como administrador e a sociedade ou sociedades com que aquela estejam em relação de domínio ou grupo, é formalmente inconstitucional, nos termos do art. 54.º, n.º 5, d) e art. 57.º, n.º 2, a), ambos da CRP."[75]

IV. No mesmo sentido, o *Acórdão da Relação de Guimarães de 16-II-2017 (Helena Melo)* diz o seguinte: "A norma do art. 398.º, n.º 2 do CSC, ao determinar a extinção dos contratos de trabalho que duram há menos de um ano, criou mais uma causa de cessação do contrato de trabalho, o que necessariamente se repercute na situação jurídica dos trabalhadores, tratando-se assim de matéria manifestamente laboral, pelo que tinha que ter sido dada às associações representativas dos trabalhadores a possibilidade de se pronunciarem sobre a projectada norma, e como não o foi, enferma de inconstitucionallidade formal (cfr. se defende nos Acórdãos do TC 1018/96 e 626/11 já citados)".[76]

3. A Doutrina

I. No plano da doutrina portuguesa, são diversos os Autores que se pronunciaram a favor da tese da inconstitucionalidade do art. 398.º, n.º 2, 1.ª parte, do CSC.

[74] In: 251 CJ/ STJ (2013), III, 239-241 (240).

[75] In: 435 AD (1998), 406-419 (418).

[76] In: www.dgsi.pt (Proc. n.º 2443/16.9T8VNF.G1).

II. Neste sentido se manifestou J. Coutinho de Abreu: "A norma do n.º 2 do art. 398.º, na parte agora em questão (extinção dos contratos celebrados há menos de um ano), é (formalmente) inconstitucional, por ofensa dos preceitos da CRP que garantem aos organismos representativos dos trabalhadores o direito de participar na elaboração da legislação do trabalho (arts. 54.º, n.º 5, d), 56.º, n.º 2, a), na versão atual)."[77]

III. Numa direção semelhante, M. Palma Ramalho: "O Tribunal pronunciou-se pela inconstitucionalidade da parte da norma relativa à caducidade do contrato de trabalho, considerando que se tratava de uma nova causa de cessação do contrato de trabalho, o que exigiria a audição das organizações representativas dos trabalhadores no processo legislativo, o que não aconteceu. (...) Com referência a estas decisões, (existe doutrina que) criticou o juízo de inconstitucionalidade com fundamento na natureza comercial (logo, não laboral) do preceito; é um entendimento que não subscrevemos, uma vez que está em causa a criação de uma nova forma de cessação do contrato de trabalho, que faz deste comando uma norma materialmente laboral."[78]

IV. Finalmente, sem tomar propriamente uma posição expressa a este respeito, existe ainda um setor de Autores (juslaboralistas) que parece inclinar-se a favor da tese da inconstitucionalidade, remetendo para o citado Acórdão do TC n.º 1018/96.

[77] *Administradores e Trabalhadores de Sociedades (Cúmulos e Não)*, 16, in: AAVV, "Temas Societários", 9-21, Almedina, Coimbra, 2006. Identicamente, Abreu, J. Coutinho, *Governação das Sociedades Comerciais*, 67, 2.ª edição, Almedina, Coimbra, 2010.

[78] *Grupos Empresariais e Societários – Incidências Laborais*, 524 e s. Almedina, Coimbra, 2008. Note-se que a mesma Autora parece ter posteriormente matizado esta opinião: "No caso, a extinção do contrato de trabalho configura uma forma de caducidade, motivada por impossibilidade legal superveniente absoluta de subsistência do vínculo – art. 343.º, b) do CT. De notar, contudo, que o Tribunal Constitucional se pronunciou no sentido da inconstitucionalidade da solução de caducidade do contrato de trabalho celebrado há menos de um ano com o trabalhador que ascende a funções de administração, com fundamento em razões procedimentais, uma vez que os trabalhadores não foram ouvidos no processo de elaboração desta norma do CSC (Ac. TC n.º 1018/96, de 9/10/1996 e AC TC n.º 259/2001, de 2/11/2001). Mantendo-se a solução (e falta de audição dos trabalhadores), nas revisões subsequentes do CSC, o problema persiste até hoje" (*Tratado de Direito do Trabalho*, Parte II, 72, 6.ª edição, Almedina, Coimbra, 2016).

V. Assim P. Romano Martinez: "O art. 398.º, n.º 2, do CSC, na parte em que considera que o contrato de trabalho se extingue se tiver durado menos de um ano, é inconstitucional, por não terem intervindo os organismos representativos dos trabalhadores na elaboração do preceito, cf. Ac. Trib. Const. n.º 1018/96, de 9/10/1996 e Ac. STJ de 22/10/1997".[79]

VI. Também J. Vieira Gomes: "A norma [art. 398.º, n.º 2 do CSC] foi, recorde-se, considerada inconstitucional na parte em que previa a cessação automática dos contratos de trabalho que tivessem durado há menos de um ano antes da referida designação".[80]

§3 A TESE DA CONSTITUCIONALIDADE

1. A Jurisprudência do Tribunal Constitucional

I. O Tribunal pronunciou-se pela inconstitucionalidade da norma do art. 398.º, n.º 2, 1.ª parte do CSC, nos seus dois acórdãos proferidos na matéria até ao presente momento (Acórdãos n.º 1018/96, de 9 de outubro (Bravo Serra) e n.º 626/2011, de 19 de dezembro (M. João Antunes)). Como já atrás advertimos[81], tal não significa, todavia, que se trate de jurisprudência definitivamente consolidada, sendo mister acentuar os seguintes dois aspetos: por um lado, existem vozes dissonantes no seio do próprio Tribunal a respeito das decisões de inconstitucionalidade através referidas (voto de vencido no Acórdão n.º 626/2011, de 19 de dezembro); e, por outro, o mesmo Tribunal pronunciou-se pela constitucionalidade da norma do art. 398.º, n.º 1 – Acórdão n.º 539/2007, de 30 de outubro (J. Sousa Ribeiro) – e da norma do art. 398.º, n.º 2, 2.ª parte – Acórdão n.º 259/2001, de 30 de maio (V. Nunes de Almeida). Pelo interesse que revestem para a matéria, deixamos aqui também uma referência a tais aspetos.

[79] *Direito do Trabalho*, 344, 8.ª edição, Almedina, Coimbra, 2017.

[80] *Direito do Trabalho*, Vol. I ("Relações Individuais de Trabalho"), 170, Coimbra Editora, Coimbra, 2007. Cf. ainda do mesmo Autor *Da Validade do Contrato de Trabalho com uma Sociedade de um Grupo para o Exercício de Funções de Administração Social noutra Sociedade do mesmo Grupo*, 445, in: AAVV, "Estudos de Direito do Trabalho em Homenagem ao Professor Manuel Alonso Olea", 433-456, Almedina, Coimbra, 2004.

[81] Cf. *supra* III – § 1.

II. O Acórdão do TC n.º 626/2011, de 19 de dezembro (M. João Antunes) não foi votado por unanimidade, mas por maioria, tendo contado com o *voto de vencido* de um dos Juízes-Conselheiros (C. Pamplona de Oliveira). Apesar de se tratar de opinião minoritária no seio do Tribunal Constitucional, este entendimento tem sido o seguido pelos tribunais judiciais: como se refere num recente acórdão da Relação de Lisboa, "esse voto vencido espelha, com clareza, o entendimento que em nosso entender é o mais correcto"[82]. Razão suficiente para o reproduzirmos aqui na íntegra: "Reconheço que perante a jurisprudência afirmada no Acórdão n.º 1018/96, e aqui reiterada, não seria fácil encontrar outra solução, que não a adoptada no acórdão. Acontece, porém, que, num outro enquadramento do problema, seria de determinar se qualquer nível ou grau de definição legislativa há-de impor a intervenção dos organismos representativos dos trabalhadores, nos termos do artigo 56.º, n.º 2, alínea a) da CRP. Com efeito, caberia distinguir entre as intervenções legislativas directamente votadas à definição de "legislação do trabalho" e as que, visando um outro objectivo, acabam por interferir, de forma acidental ou meramente episódica, em matéria de natureza laboral. Ora, sendo certo que o citado preceito constitucional, impõe que a legislação do trabalho tenha a "participação" dos representantes dos trabalhadores, não será menos certo que aquela outra, que apenas acessoriamente toca nessa área, pois visa disciplinar matéria de diversa natureza, se enquadraria no processo legislativo comum ou geral, não postulando tal participação. Aplicando este critério ao caso em presença, fácil seria constatar que a norma em causa, integrando-se no Código das Sociedades Comerciais aprovado pelo Decreto-Lei n.º 262/86 de 2 de Setembro, se reporta a matéria que não apresenta natureza laboral, antes visa disciplinar as sociedades que tenham por objecto a prática de actos de comércio. Reforçando esse entendimento, a análise da norma revela que a mesma não interfere na definição de qualquer tipo de direitos ou deveres dos trabalhadores que devesse reclamar a intervenção de representantes sindicais, e não altera o quadro legal em que se desenvolve o regime do contrato individual de trabalho, incluindo a sua cessação. Seria, por isso, de concluir que a norma, não interferindo em área que reclamasse a participação sindical, não ofende o citado princípio constitucional."[83]

[82] Acórdão da RL de 29-I-2014 (P. Sá Fernandes), in: 260 CJ/STJ (2014), I, 162-163 (163).
[83] In: 80 ATC (2011), 431-437 (437).

III. Conquanto não tendo o mesmo objeto das decisões atrás referidas (1.ª parte do n.º 2 do art. 398.º do CSC), pensamos dever ainda merecer uma particular atenção as decisões em que o mesmo Tribunal Constitucional já se pronunciou pela constitucionalidade dos demais segmentos ou trechos normativos do regime legal da proibição do cúmulo, prevista no art. 398.º do CSC. Importa, assim, perceber sumariamente quais as razões por que o fez.

IV. O *Acórdão do TC n.º 259/2001, de 30 de maio (V. Nunes de Almeida)* decidiu por unanimidade a favor da constitucionalidade da norma do art. 398.º, n.º 2, 2.ª parte, a qual prevê a *suspensão* dos contratos de trabalho de duração superior a um ano celebrados por administradores de sociedades anónimas. Apesar da inobservância do procedimento participativo dos trabalhadores (que esteve na base das decisões de inconstitucionalidade atrás referidas, por vício procedimental) se haver verificado relativamente a todo o preceito do art. 398.º do CSC, o Tribunal estribou a sua diferente decisão no entendimento segundo o qual o concreto trecho normativo em referência (suspensão do contrato de trabalho: cf. segunda parte do n.º 2) – ao contrário do trecho anterior normativo (extinção do contrato de trabalho: cf. primeira parte do n.º 2) – *não possuía o caráter inovador que é requerido pelo conceito de "legislação do trabalho"*.

Diz-se assim naquele Acórdão: "De facto, decorre impressivamente do mencionado acórdão [n.º 1018/96] que o entendimento jurídico que se pronunciava, independentemente da duração do contrato, pela suspensão do contrato de trabalho que ligava o administrador designado à sociedade – agora constante da dimensão normativa do n.º 2, do artigo 398.º em apreço, na parte relativa aos contratos de mais de um ano –, correspondia afinal a uma orientação jurisprudencial e doutrinal que, antes da edição do Código das Sociedades Comerciais, era praticamente uniforme. (...) O que significa que a norma do artigo 398.º, n.º 2, na dimensão agora questionada, mais não fez do que dar o «nomen» a uma situação já legalmente prevista e que a própria jurisprudência aceitara sem discrepâncias. Ou seja, a previsão normativa em causa praticamente em nada inova o sistema que jurisprudencialmente estava assente e que, relativamente a outros trabalhadores o próprio legislador viria a aceitar, sem porém a qualificar conceitualmente, mas dando-lhe os contornos essenciais da suspensão laboral. Não havendo inovação substantiva, mas antes a mera atribuição de uma qualificação jurídica que remetia o intérprete e aplicador do direito para uma situação que estava já legalmente definida, nos seus contornos essenciais, não pode ter-se por exigível a consulta prévia das organizações representativas dos trabalhadores."[84]

V. O *Acórdão do TC n.º 539/2007, de 30 de outubro (J. Sousa Ribeiro)* decidiu, também por unanimidade, a favor da constitucionalidade da norma do art. 398.º, n.º 1, que consagra uma *proibição geral e absoluta de cúmulo* das funções de administrador com outras funções no seio da mesma sociedade anónima, incluindo aquelas que sejam exercidas ao abrigo de contrato de trabalho subordinado. Desta vez, o Tribunal fundamenta a sua decisão no seu entendimento segundo o qual o trecho normativo em referência (princípio proibitivo geral: cf. n.º 1) – ao invés do trecho anteriormente julgado inconstitucional (extinção do contrato de trabalho: cf. n.º 2, 1.ª parte) – *não possuía uma conexão ou repercussão direta nas relações laborais, tal como é exigido pelo conceito de "legislação do trabalho"*.

Diz-se assim naquele Acórdão: "As situações previstas no n.º 2 do artigo 398.º são diversas das contempladas no seu n.º 1: enquanto que naquele estão em causa duas situações em que a pessoa que foi designada administrador da sociedade detinha, à data da designação, um vínculo laboral com a mesma sociedade, já na hipótese em apreço (a do n.º 1), previne-se a circunstância de o administrador designado adquirir, durante o exercício das funções de administração ou mesmo após a sua cessação, qualquer vínculo (laboral ou de prestação de serviços) com a sociedade administrada ou sociedades que com esta estejam numa relação de domínio ou de grupo. Ou seja, na hipótese do n.º 1 do artigo 398.º não se verificam as razões em que o citado Acórdão n.º 1018/96 se fundamentou para incluir o n.º 2 do preceito, na parte citada, no conceito de legislação laboral. Na verdade, o n.º 1 não regula posições jurídicas de trabalhadores, enquanto tais, nem tem qualquer efeito directo e imediato numa relação de índole laboral. Pelo contrário, a norma tem como destinatário o administrador da sociedade – nessa exacta qualidade – e visa obstar a que este adquira a qualidade de trabalhador ou prestador de serviços da sociedade. Trata-se, assim, de vedar ao administrador a vinculação a outras actividades de colaboração pessoal na sociedade administrada, dado o risco que a confusão no mesmo sujeito das qualidades de administrador e administrado podia

[84] DR, II.ª série, n.º 254/2001, de 2 de novembro, 18263-18265 (18265).

acarretar para a prossecução, de forma idónea, dos interesses sociais. É, pois, manifesto, que tal norma não pode incluir-se no conceito de legislação do trabalho e, portanto, não havia que facultar a participação dos organismos representativos dos trabalhadores no respectivo processo legislativo. Pelo que improcede a alegada inconstitucionalidade formal."[85]

2. A Jurisprudência do STJ e das Relações

I. No plano da *jurisprudência do STJ e das Relações*, podem mencionar-se os seguintes Acórdãos que defendem a constitucionalidade da norma prevista no art. 398.º, n.º 2, 1.ª parte.[86]

II. O *Acórdão do STJ de 13-VII-2011* (PEREIRA RODRIGUES) refere o seguinte: "Parece-nos pouco razoável pretender-se que a norma daquele art. 398.º, n.º 2, constitui ainda «legislação de trabalho», estando por isso sujeita às exigências constitucionais que a esta respeitam. Não estão aí em causa direitos dos trabalhadores enquanto tal, ou das respectivas organizações associativas, mas sim direitos dos administradores das sociedades (neste sentido, vide Ac. TC n.º 259/2001). Esses administradores só o serão desde que naturalmente manifestem a sua vontade em assumir as funções para que foram designados, podendo a elas renunciar (cfr. art. 404.º do C.S.C.), e sendo certo também que terão direito a ser indemnizados pelos danos que sofrerem se vierem a ser destituídos sem justa causa do cargo que exerçam (cfr. art. 403.º, n.º 5, do mesmo diploma). A tese da inconstitucionalidade do art. 398.º do C.S.C. terá, de resto, sido já abandonada, em definitivo, pela mais recente jurisprudência, designadamente do STJ."[87]

III. O *Acórdão do STJ de 7-III-2007* (FERNANDES CADILHA), embora sobre a inconstitucionalidade formal e orgânica do art. 398.º, n.º 1 do CSC, refere o seguinte: "O recorrente invoca, por fim, a inconstitucionalidade formal da norma do artigo 398.º, n.º 1, do CSC, por se enquadrar em matéria de legislação de trabalho e ter sido aprovada sem a participação das comissões

[85] DR, II.ª série, n.º 243/2007, de 19 de dezembro, 36410-36415 (36414).

[86] Expostos por ordem de instância e ordem cronológica descendentes.

[87] In: www.colectaneadejurisprudencia.com (Proc. n.º 476/05).

de trabalhadores e das associações sindicais, em violação do disposto nos artigos 54.º, n.º 5, alínea d), e 56.º, n.º 2, alínea a), da CRP) [...]. Quanto ao primeiro dos aspectos em questão, basta relembrar o que se afirmou no acórdão recorrido, que não vem minimamente posto em causa no recurso. Sendo embora certo que, nos termos das citadas disposições constitucionais, constitui direito das comissões de trabalhadores e das associações sindicais participar na elaboração da legislação do trabalho, o ponto é que, segundo a Lei n.º 16/79, de 26 de Maio, que estabelece o regime em que deverá processar-se essa participação, por legislação de trabalho entende-se a que "vise regular as relações individuais e colectivas de trabalho, bem como os direitos dos trabalhadores, enquanto tais, e suas organizações" (artigo 2.º, n.º 1). E o mesmo preceito exemplifica o tipo de questões que poderão estar em causa, referindo-se aos seguintes temas: contrato individual de trabalho; relações colectivas de trabalho; comissões de trabalhadores; associações sindicais e direitos sindicais; exercício do direito à greve; salário mínimo e máximo nacional; horário de trabalho; formação profissional; acidentes de trabalho e doenças profissionais. No caso, porém, como se ponderou na decisão sob recurso, «não estão aqui em causa direitos ou interesses dos trabalhadores enquanto tais, e muito menos direitos ou interesses das suas associações representativas. Estarão sim em causa, e tão só, direitos dos administradores das sociedades, que ficarão afectados na medida em que dessa actividade resultam incompatibilidades, definidas na lei, para o desempenho de funções como trabalhadores subordinados». Não se trata, pois, de legislação de trabalho e não havia que fazer intervir, no respectivo processo legislativo, as estruturas representativas dos trabalhadores."[88]

IV. O *Acórdão do STJ de 17-10-2007 (Bravo Serra)* reveste também interesse, dado que, tendo sido relatado pelo próprio relator do Acórdão do TC n.º 1018/96, aplicou todo o preceito do art. 398.º do CSC aparentemente sem quaisquer reservas de constitucionalidade nesta matéria: "Efectivamente, prescrevem os números 1 e 2 do art. 398.º do Código das Sociedades Comerciais: «1 – Durante o período para o qual foram designados, os administradores não podem exercer, na sociedade ou em sociedades que com esta estejam em relação de domínio ou de grupo, quaisquer funções temporárias ou permanentes ao abrigo de contrato de

[88] In: 198 CJ/STJ (2007), I, 276-280 (280).

trabalho, subordinado ou autónomo, nem podem celebrar quaisquer desses contratos que visem uma prestação de serviços quando cessarem as funções de administrador. 2 – Quando for designado administrador uma pessoa que, na sociedade ou em sociedades referidas no número anterior, exerça qualquer das funções mencionadas no mesmo número, os contratos relativos a tais funções extinguem-se, se tiverem sido celebrados há menos de um ano antes da designação, ou suspendem-se, caso tenham durado mais do que esse ano». Compreende-se a razão de ser de tais prescrições – e, para o que ora releva, a ínsita no extractado n.º 2. Efectivamente, competindo ao conselho de administração de uma sociedade, nos termos do art. 405.º do indicado Código, gerir as actividades da sociedade – nestas se incluindo, «inter alia», a abertura ou encerramento de estabelecimentos, extensões ou reduções assinaláveis da sua actividade, introdução de modificações importantes na sua organização e projectos de fusão, cisão ou transformação [cfr. alíneas g), h), i) e m) do art. 406.º] –, torna-se patente a repercussão que aquela gestão possa, eventualmente, vir a ter no universo dos trabalhadores da sociedade, com a consequente possibilidade de surgimento de conflitos de interesses entre aqueles e esta. [...] Ora, dúvidas se não colocando na designação de que a autora, por deliberação de 10 de Março de 1999, foi alvo como vogal do Conselho de Administração da ora recorrente para o biénio de 1999/2000 e na eleição, para esse mesmo órgão societário, para o biénio de 2001/2002, funções que terminaram com a demissão do cargo ocorrida em 13 de Março de 2003, por força da estatuição inserta no n.º 2, parte final, do citado art. 398.º, haverá de considerar-se que, durante aquele período (mais concretamente os anos de 1999, 2000, 2001, 2002 e até 13 de Março de 2003), o contrato de trabalho que a vinculava à impugnante esteve suspenso".[89]

V. O *Acórdão do STJ de 8-V-2005 (Paiva Gonçalves)* é particularmente interessante, ao considerar que a assunção, por um trabalhador de uma empresa, das vestes de empregador na sequência de um contrato de cessão de exploração, tem como consequência a extinção, por confusão, do contrato de trabalho preexistente: "Deste modo, não poderemos deixar de concluir que, com a assunção pela autora da veste de empregadora, o contrato de trabalho se extinguiu por confusão (cfr. art. 868.º, do Código Civil). E a tal

[89] In: www.dgsi.pt (Proc. n.º 07S1615).

não obsta o facto desta causa de cessação do contrato de trabalho não se encontrar especificamente prevista na lei. Com efeito, como se reconheceu no acórdão deste Supremo Tribunal de Justiça, de 18 de Junho de 2003, e vem sendo entendimento maioritário na doutrina, a enumeração das causas de cessação do contrato individual de trabalho consignadas no art. 3.º, n.º 2, da LCCT não é taxativa".[90]

VI. O *Acórdão da Relação de Guimarães de 5-XI-2015 (Alda Martins)* refere o seguinte: "É também verdade que, no que respeita aos administradores das sociedades anónimas, o art. 398.º do Código das Sociedades Comerciais, considerando a hipótese de um trabalhador ao serviço da sociedade ser chamado a exercer tais funções, define um regime baseado na ideia de que os dois estatutos jurídicos se excluem entre si, caducando o contrato de trabalho de trabalhador admitido há um ano ou menos e suspendendo-se o de trabalhador admitido há mais de um ano."[91]

VII. O *Acórdão da Relação de Lisboa de 22-X-2014 (Ferreira Marques)* refere o seguinte: "Em nosso entender, a lei é frontalmente desfavorável ao cúmulo, num mesmo sujeito, das qualidades de administrador de uma sociedade anónima e de trabalhador subordinado, dessa mesma sociedade, seja a constituição do vínculo laboral anterior, simultânea ou posterior à da relação de administração. O art. 398.º, n.º 2 do CSC estabelece que o contrato de trabalho se suspende, se tiver sido celebrado há mais de um ano, ou se extingue, se tiver sido celebrado há menos de um ano, com a assunção do trabalhador do cargo de administrador. Várias razões justificam este comando legal, como o risco acrescido de fraude na constituição de relações laborais, a tutela da independência e idoneidade do administrador e, ainda, o perigo de subversão da hierarquia e da organização empresarial, que situações de confusão ou de ambiguidade de papéis potenciam. Esta hostilidade traduz-se numa regulação restritiva, não só da possibilidade de o administrador assegurar uma futura posição remunerada na sociedade, mas também quanto à incompatibilidade dos vínculos laboral e de administração. E como resolve a lei esta incompatibilidade? Quanto ao modo como é resolvida esta incompatibilidade, o n.º 2 do art. 398.º assegura o desempenho

[90] In: 184 CJ/STJ (2005), II, 264-266 (266).
[91] In: 266 CJ/STJ (2015), V, 277-279 (278).

«exclusivo» de funções de administração societária por duas vias, consoante o contrato de trabalho com a sociedade tenha sido celebrado há menos de um ano ou tenha duração superior a um ano: no primeiro caso, como sucedia com o recorrente, o contrato de trabalho extingue-se, no segundo, suspende-se. De facto, a extinção decorre da circunstância de, perante a nomeação como administrador da sociedade de um seu trabalhador cujo contrato de trabalho tenha sido celebrado há menos de um ano, a escassa duração do vínculo fazer avolumar o receio de fraude. É lícito razoavelmente temer que o Administrador tenha condicionado a aceitação da designação à obtenção de um vínculo que, apesar de anterior – ao menos formalmente – ao exercício do cargo, se projecta sobretudo no futuro, uma vez cessada a Administração. A questão com que se defronta em tais casos o ordenamento jurídico reside justamente em evitar celebrações de contratos muito próximo da designação e presumivelmente fraudulentas, para conseguir a manutenção, após a cessação do cargo de administrador, de um vínculo com a sociedade, ou de determinados privilégios. Repare-se que quando o autor foi nomeado administrador da ré, o mesmo estava a trabalhar na empresa há 8 meses e, não obstante esse curto período de ligação, não teve qualquer pudor em servir-se do exercício do seu cargo de administrador residente (administrador com mais peso no CA), e da autoridade do órgão da empresa onde exercia esse cargo, para salvaguardar o seu futuro, fazendo com que este aprovasse uma deliberação, que lhe garantia, só pelo facto de ter exercido funções de administrador, a categoria profissional de Assessor Superior e lhe conferia o direito a auferir a retribuição de nível mais elevado da empresa, após o termo do seu mandato. Em nossa opinião, foi precisamente isto que o legislador quis evitar, ao estabelecer o regime consagrado no art. 398.º do CSC. Não obstante o Tribunal Constitucional, tenha declarado inconstitucional este preceito, por razões formais, pensamos que o espírito do legislador se deve manter".[92]

VIII. O *Acórdão da Relação de Lisboa de 29-I-2014 (P. Sá Fernandes)* é particularmente ilustrativo desta corrente jurisprudencial. Diz-se o seguinte neste acórdão: "O Recorrente fundamenta o seu recurso na inconstitucionalidade do n.º 2 do art. 398.º do CSC, na parte que considera extintos os contratos de trabalho celebrados há menos de 1 ano com

[92] In: 257 CJ (2014), V, 309-309 (com texto integral em www.coletaneadejurisprudencia.com).

a pessoa nomeada administrador da sociedade. Na verdade, a constitucionalidade da referida norma não é matéria pacífica, designadamente na jurisprudência do Tribunal Constitucional que já deliberou em ambos os sentidos, sem ainda ter proferido Acórdão de Uniformização. Contudo, o legislador sabendo dessa controvérsia, na mais recente reforma do Código das Sociedades Comerciais, manteve a norma sem proceder a qualquer alteração ou ajuste. Quanto à constitucionalidade do referido normativo, o Acórdão do Tribunal Constitucional n.º 259/01, de 30/05/2001, decidiu: 'Nesta conformidade, a falta de audição das organizações representativas dos trabalhadores não viola os artigos 54.º, n.º 5, alínea d), e 56.º n.º 2, alínea a), da Constituição (versão de 1989), pelo que a norma do n.º 2 do artigo 398.º do Código das Sociedades Comerciais não é formalmente inconstitucional, na dimensão normativa questionada'. Desta jurisprudência decorre a ideia geral de que o n.º 2 do art. 398.º do CSC não implica uma directa repercussão na situação jurídica dos trabalhadores, na medida em que não inova na sua regulamentação jurídica substantiva, e por isso, dispensa a consulta prévia das organizações representativas dos trabalhadores, pelo que a falta de audição das organizações representativas dos trabalhadores não viola os princípios constitucionais questionados. Em sentido próximo, o próprio Tribunal Constitucional já se havia pronunciado, nomeadamente nos Acórdãos n.º 201/90 e n.º 362/94. Afigura-se-nos, também, ser este o entendimento mais correcto. Com efeito, a norma em causa tem como destinatário o Administrador da sociedade, nessa qualidade, e visa obstar a que este adquira a qualidade de trabalhador ou prestador de serviços da sociedade. Trata-se, assim, de vedar ao administrador a vinculação a outras actividades de colaboração pessoal na sociedade administrada, dado o risco que a confusão no mesmo sujeito das qualidades de administrador e administrado podia acarretar para a prossecução dos interesses sociais. Tal norma não pode por isso incluir-se no conceito de legislação do trabalho e, portanto, não tinha de ter a participação dos organismos representativos dos trabalhadores no respectivo processo legislativo. Em sentido contrário foi, porém, o entendimento perfilhado no Acórdão do Tribunal Constitucional n.º 626/11, de 19 de Dezembro. Não obstante ter considerado inconstitucional o artigo 398.º, n.º 2 do CSC, por entender que criou uma nova forma de extinção de contrato de trabalho, sem que tenha sido dado aos organismos representativos dos trabalhadores a possibilidade de intervir, constata-se que o mesmo se limitou a perfilhar a tese de um acórdão de 1996, sob n.º 1018/96, tendo, no entanto, contado com um voto de vencido. Esse voto vencido espelha, com clareza, o entendimento que em nosso entender é o mais correcto".[93]

IX. O *Acórdão da Relação de Lisboa de 13-XII-2006* (FERREIRA MARQUES) refere o seguinte: "Não se invoque, para afastar a aplicação deste regime, a inconstitucionalidade do n.º 2 do art. 398.º do CSC. Contrariamente ao sustentado pelo apelante, e não obstante a jurisprudência conhecida do Tribunal Constitucional, não vislumbramos que a norma em apreço, no segmento que determina, nos termos sobreditos, a extinção do contrato de trabalho, viole a Constituição da República Portuguesa, designadamente os seus arts. 54.º, n.º 5, al. d) e 56.º, n.º 2, al. a), pois não está aqui em causa a criação de qualquer novo regime jurídico laboral ou de qualquer legislação laboral que venha regular as relações laborais, mas tão só matéria importante do foro comercial com reflexos no contrato de trabalho".[94]

X. O *Acórdão da Relação de Lisboa de 2-X-1996* (CÉSAR TELES) refere no respetivo sumário: "I – Nos termos do artigo 398.º, n.º 2, do Código das Sociedades Comerciais, quando for designada Administrador uma pessoa que, na sociedade ou em sociedades que com esta estejam em relação de domínio ou grupo, exerça funções ao abrigo de contrato de trabalho subordinado, o contrato relativo a tais funções extingue-se, se tiver sido celebrado há menos de um ano antes da designação, ou suspende-se, caso tenha durado mais do que esse ano. II – Vindo provado que o Autor, quando tomou posse como Administrador da Ré, ainda não tinha decorrido um ano de trabalho subordinado, ao serviço desta, é de concluir que o contrato de trabalho em vigor entre ele e a Ré, dada a natureza imperativa deste preceito legal, se extinguiu com tal nomeação, não obstante cartas da Ré referirem expressamente que o vínculo juslaboral anterior ainda se mantinha. III – O artigo 398.º referido não é inconstitucional, por ter sido elaborado de acordo com o disposto no artigo 8.º do DL n. 372-A/75, então em vigor, e este último preceito nunca ter sido declarado inconstitucional. IV. Acresce que a caducidade do contrato de trabalho do Autor é determinada pelo facto de o trabalhador subordinado ter passado a ser

[93] In: 260 CJ/STJ (2014), I, 162-163 (162 e s.).

[94] In: www.dgsi.pt (Proc. n.º 1947/2006-4).

um órgão da entidade patronal – o que, em princípio e logicamente, se traduzirá numa melhoria das suas condições económicas, e resultou da sua livre e espontânea vontade".[95]

3. A Doutrina

I. Na doutrina portuguesa, são também diversos os Autores que se pronunciaram a favor da constitucionalidade do art. 398.º, n.º 2, 1.ª parte, do CSC.

II. Tal o caso de A. Menezes Cordeiro: "O art. 398.º/2, na parte em que considera extintos os contratos de trabalho celebrados há menos de um ano pelo administrador com a própria sociedade, já foi julgado inconstitucional por violação dos arts. 55.º, d) e 57.º/2, a) da CRP: tendo natureza laboral, o preceito em causa foi aprovado sem a audição prévia dos organismos representativos dos trabalhadores quando estaria em causa uma norma de natureza laboral (inconstitucionalidade orgânica). Discordamos: o art. 398.º/ 2 é uma norma materialmente comercial, que apenas visa evitar que se contorne a proibição do artigo 398.º/1, pacífica nos diversos países: a da prestação de serviço contratada, pelo administrador, à sociedade".[96]

III. Tal também o caso de P. Olavo Cunha: "Sendo o vínculo laboral inferior a um ano, a opção pelo cargo de gestão resolve o contrato de trabalho. Trata-se de uma faculdade de que o trabalhador dispõe, mas à qual não está vinculado, pelo que a opção (livre) pela administração da sociedade pode pôr em causa a subsistência da sua relação contratual de caráter laboral. Esta regra do Código das Sociedades Comerciais pretende acentuar claramente a separação dos domínios societário e laboral, nada tendo de inconstitucional. Cremos mesmo que nada impediria o CSC de reconhecer à aceitação de um cargo social a resolução do vínculo de caráter laboral, qualquer que fosse a sua duração, e atribuindo assim à escolha do trabalhador a relevância que deve ter pelo significado que reveste para

[95] In: 65 BTE (1998), 10/2, 1412-1413.

[96] *Código das Sociedades Comerciais Anotado*, 1063, 2.ª edição, Almedina, Coimbra, 2011.

a sociedade administrada e que tem, naturalmente, de prevalecer sobre a subsistência do vínculo que, porventura, não faz sentido manter em suspenso, sobretudo pela influência que, sobre o mesmo, o gestor pode ter nas suas novas funções. A tudo isto acresce que não há norma constitucional que justifique, nesta circunstância, a subsistência do contrato de trabalho, sendo o CSC e o Código do Trabalho complexos normativos equivalentes no plano da hierarquia das leis".[97]

IV. No mesmo sentido se pronunciou J. ASSUNÇÃO DUARTE: "Por fim, quanto à questão de harmonização deste regime com o Código das Sociedades Comerciais, nomeadamente com o artigo 398.º, n.º 2, cumpre primeiramente referir que, não obstante não concordarmos com parte do conteúdo da norma em apreço, perfilhamos o entendimento de que este preceito não padece de inconstitucionalidade em qualquer das suas vertentes. Isto porque, a nível formal, entendemos que a norma não visa uma alteração laboral, mas sim uma especificação à lei societária, e em particular à regulação da administração dessa mesma sociedade, não estando em causa qualquer tipo de direitos ou deveres de trabalhadores. Na realidade, esta norma, não consagra qualquer causa de extinção do contrato de trabalho, mas apenas a sua invalidade por força das normas societárias."[98]

V. Conquanto sem tomar expressamente partido na contenda, afigura-se também repudiar a tese da inconstitucionalidade um setor de Autores (comercialistas e laboralistas) que, posteriormente ao citado Acórdão do TC n.º 1018/96, continuam a interpretar e aplicar o regime legal do art. 398.º do CSC no sentido de considerar extintos os contratos de trabalho celebrados há menos de um ano pelo (futuro) administrador.

VI. Neste sentido, RAÚL VENTURA: "A acumulação de funções continua proibida e é evitada com o sacrifício do contrato de trabalho. [...] Varia, contudo, o destino do contrato de trabalho, consoante a sua duração anterior à designação: se essa duração tiver sido inferior a um ano, o contrato de

[97] *Direito das Sociedades Comerciais,* 794 e s., 6.ª edição, Almedina, Coimbra, 2016.
[98] *A Comissão de Serviço nos Cargos de Administração e a Problemática da Cessação,* 63, Diss., Lisboa, 2016.

trabalho extingue-se; no caso de ter sido superior a um ano, o contrato de trabalho suspende-se".[99]

VII. Igualmente A. PEREIRA DE ALMEIDA: "Por força do art. 398.º, se forem nomeados para a Administração pessoas com contratos de trabalho na sociedade ou em sociedades que com ela estejam em relação de domínio ou de grupo, esses contratos extinguem-se se tiverem sido celebrados há menos de um ano".[100]

VIII. Assim também M. NOGUEIRA SERENS: "Por força do referido preceito, durante o período de funções para o qual foram designados, os administradores não podem exercer na sociedade ou nas sociedades que com esta estejam em relação de domínio ou de grupo, quaisquer funções temporárias ou permanentes ao abrigo do contrato de trabalho: assim se evitam situações de *hibridismo* que, no limite, fariam do administrador «um trabalhador dependente de si mesmo», colocado na dependência de outro órgão para cujo funcionamento, enquanto administrador, é chamado a intervir. Na hipótese de, ao tempo da designação, o administrador exercer funções na sociedade, por força de contrato de trabalho, este *extinguir-se-á*, se tiver sido celebrado há menos de um ano".[101]

IX. Apontando na mesma direção RICARDO COSTA: "Entre nós, a tese da incompatibilidade entre trabalhador e administrador como regra está legalmente consagrada para as sociedades anónimas, no art. 398.º, n.º 1 [...] e n.º 2 (um trabalhador de sociedade anónima, ou de sociedade que com ela esteja em relação de domínio ou de grupo, pode ser designado

[99] *Novos Estudos sobre Sociedades Anónimas e Sociedades em Nome Colectivo*, 192, Almedina, Coimbra, 1994.

[100] *Sociedades Comerciais, Valores Mobiliários, Instrumentos Financeiros e Mercados*, 469, 7.ª edição, Coimbra Editora, Coimbra, 2013. Já anteriormente no mesmo sentido: "Os administradores têm de ser pessoas físicas, acionistas ou não, mas a lei veda expressamente a designação de trabalhadores da sociedade (arts. 390.º, n.º 3 e 398.º do CSC), suspendendo-se ou extinguindo-se os contratos de trabalho existentes em caso da sua nomeação para o Conselho de Administração" (*Estrutura Organizatória das Sociedades*, 110, in: "AAVV, "Problemas do Direito das Sociedades", 95-118, Almedina, Coimbra, 2002).

[101] *Notas sobre a Sociedade Anónima*, 73, 2.ª edição, Coimbra Editora, Coimbra, 1997 (itálicos no original).

administrador dessa(s) sociedade (s), mas o contrato de trabalho extingue-se, se tiver sido celebrado há menos de um ano antes da nomeação) [...]".[102]

X. E ainda A. Sarmento de Oliveira: "Deste normativo retira-se, sem mais, não ser admissível o cúmulo quando no momento em que se pretende realizar, o interessado já era administrador ou, sendo trabalhador, a relação de trabalho tenha durado menos de um ano. No primeiro caso, proíbe-se a celebração "ex novo" de contrato de trabalho; no segundo caso, determina-se a cessação do pré-existente contrato de trabalho".[103]

XI. Por fim, entre os juslaboralistas, merece destaque B. Lobo Xavier: "A própria lei estabelece uma incompatibilidade entre as funções de administração e as de trabalhador (art. 398.º do Cód. Soc. Com.), destinada a assegurar a liberdade de os sócios escolherem e destituírem os administradores (liberdade que seria seriamente afetada no caso de o respetivo vínculo ser qualificado como laboral, dadas as limitações que a legislação laboral coloca à cessação do contrato de trabalho por iniciativa do empregador). Assim, quando for nomeado administrador de uma sociedade anónima uma pessoa já a esta vinculada por contrato de trabalho, determina-se o seguinte: se o contrato de trabalho com a sociedade tiver sido celebrado há menos de um ano, extingue-se automaticamente; caso o vínculo laboral tenha duração superior, o contrato de trabalho suspende-se enquanto se mantiver a relação de administração".[104]

[102] *Os Administradores de Facto das Sociedades Comerciais*, 807, Almedina, Coimbra, 2014 (embora sustentando uma aplicação flexível da norma, restrita ao caso dos contratos fraudulentos, admitindo a existência de situações de cúmulo "benigno").

[103] *O Contrato de Administração. Sua Natureza e Possibilidade de Cumulação com um Contrato de Trabalho*, 201, in: 5 "Revista de Ciências Empresariais e Jurídicas" (2005), 183-206.

[104] *Manual de Direito do Trabalho*, 349 e s., 3.ª edição, Rei dos Livros, Lisboa, 2018.

IV.
Da Sua Constitucionalidade

I. Concluída esta indispensável maratona hermenêutica em torno da noção, sentido, finalidades, natureza e regime legal da norma legal em apreço, bem assim como exposto o "estado da arte" relativo à controvérsia doutrinal e jurisprudencial em torno da sua constitucionalidade, estamos então, finalmente, em condições de avançar para a nossa resposta à questão central do presente estudo: *a norma do art. 398.º, n.º 2 do Código das Sociedades Comerciais (CSC) – na parte respeitante à extinção dos contratos de trabalho que tenham sido celebrados menos de um ano antes da designação como administrador – é ou não conforme à Constituição da República Portuguesa (CRP)?*

II. Para responder a tal questão, dividiremos a nossa resposta em três etapas lógicas e sucessivas.

III. Em primeiro lugar, aludiremos à figura do *direito constitucional de participação na elaboração da legislação do trabalho,* atribuído pelos arts. 54.º, n.º 5, d) e 56.º, n.º 2, a) da CRP às comissões de trabalhadores e às associações sindicais, descrevendo sucintamente a sua noção, sentido, regime e efeitos *(§1).*

IV. Em segundo lugar, analisaremos detidamente os *fundamentos em que se estriba a tese da sua inconstitucionalidade.* Tais argumentos – que foram formulados pelo Acórdão do TC n.º 1018/96, tendo sido posteriormente acolhidos praticamente sem alterações pela demais jurisprudência e doutrina que naquele se louvou –, são, como vimos oportunamente[105], os seguintes três:

- trata-se de uma norma que se integra no conceito de "legislação laboral" *(§2)*;
- trata-se de uma norma que reveste caráter inovador *(§3)*; e
- trata-se de uma norma em cuja elaboração não foi observado o direito constitucional de participação dos organismos representativos dos trabalhadores *(§4)*.

V. Em terceiro lugar, e por último, será porventura útil indagar da existência de outros *subsídios interpretativos* que a própria CRP possa trazer para a resolução da questão em discussão. Do que se trata agora é de, indo para além do tradicional argumentário que anda associado a esta controvérsia, identificar outros princípios, valores ou institutos jurídico-constitucionais que possam ser relevantes na delimitação do âmbito e alcance daquele direito fundamental de participação *(§5)*.

§1 O DIREITO DE PARTICIPAÇÃO NA ELABORAÇÃO DA LEGISLAÇÃO DO TRABALHO

1. Noção Geral

I. Os arts. 54.º, n.º 5, d) e 56.º, n.º 2, a) da CRP consagraram em favor das comissões de trabalhadores e das associações sindicais um *direito de participação na elaboração da legislação do trabalho.*[106]

[105] Cf. *supra* III – § 2.1.

[106] Sobre o regime deste direito constitucional, para mais desenvolvimentos, vide Bico, N. Palha, *O Direito de Participação das Comissões de Trabalhadores e das Associações Sindicais na Legislação do Trabalho,* in: AAVV, "Estudos sobre a Jurisprudência do Tribunal Constitucional", 195-222, Aequitas/Editorial de Notícias, Lisboa, 1993; Gouveia, J. Bacelar, *Os Direitos de Participação dos Representantes dos Trabalhadores na Elaboração da Legislação do Trabalho,* in: "Estudos do Instituto de Direito do Trabalho", vol. I, 109-152, Almedina, Coimbra, 2001; Meirim, J. Manuel, *A Participação das Organizações dos Trabalhadores na Elaboração da Legislação do Trabalho: Aproximação à Jurisprudência Constitucional,* in: 52 "Revista do Ministério Público" (1992), 9-40; Pires, G. Lucas, *Art. 56, alínea d) – Direito das Comissões de Trabalhadores de Participar na Elaboração da Legislação do Trabalho e dos Planos Económico-Sociais que Contemplem o Respetivo Sector,* in: AAVV, "Estudos sobre a Constituição", vol. I, 376-379, Petrony, Lisboa, 1977.

II. Tais preceitos estão previstos no âmbito dos "direitos, liberdades e garantias dos trabalhadores" (arts. 53.º a 57.º da CPR). O art. 54.º, n.º 5, sob a epígrafe «Comissões de Trabalhadores», determina que "Constituem direitos das comissões de trabalhadores: *(...) d) Participar na elaboração da legislação do trabalho* e dos planos económico-sociais que contemplem o respetivo sector"; e o art. 56.º, n.º 2, sob a epígrafe «Direitos das Associações Sindicais e Contratação Coletiva», determina que "Constituem direitos das associações sindicais: a) *Participar na elaboração da legislação do trabalho*".[107]

III. Este direito de participação na feitura das leis do trabalho encontrava-se previsto nos arts. 55.º, d), e 57.º, n.º 2, a) da versão da CRP vigente à data da prolação do Acórdão do TC n.º 1018/96, de 9 de outubro. Dado que a redação de tais preceitos, nas alíneas aqui relevantes, não sofreu alteração, referir-nos-emos, por mera comodidade de exposição, à numeração que resulta da versão atual.

IV. Na galeria classificatória dos direitos fundamentais, trata-se de um *direito fundamental* dos trabalhadores (no âmbito da distinção entre direitos do homem, do cidadão e do trabalhador), de natureza procedimental ("status ativus processualis") e de exercício coletivo (e não individual).[108]

2. Sentido

I. Este direito de participação – manifestação emblemática da "constitucionalização do direito do trabalho" (J. JOÃO ABRANTES)[109] e corolário

[107] Itálicos nossos. Sobre tais preceitos, vide MIRANDA, Jorge/ MEDEIROS, Rui, *Constituição da República Portuguesa Anotada*, tomo I, 517-530 (esp. 530) e 551-574 (esp. 554 e ss.), Coimbra Editora, Coimbra, 2005; CANOTILHO, J. Gomes/ MOREIRA, Vital, *Constituição da República Portuguesa Anotada*, vol. I, 714-727 (esp. 723 e ss.) e 739-749 (esp. 742 e ss.), 4.ª edição, Coimbra Editora, Coimbra, 2007.

[108] Sobre tais classificações, vide MIRANDA, Jorge, *Direitos Fundamentais*, 110 e ss., 2.ª edição, Almedina, Coimbra, 2017; em particular, quanto à sua natureza de direito coletivo, vide ABRANTES, J. João, *Contrato de Trabalho e Direitos Fundamentais*, 50 e ss., Coimbra Editora, Coimbra, 2005.

[109] *Contrato de Trabalho e Direitos Fundamentais*, 222, Coimbra Editora, Coimbra, 2005.

dos princípios constitucionais da democracia representativa (art. 2.º da CRP)[110] – visa assegurar aos organismos representativos dos trabalhadores *a possibilidade de intervir na preparação e feitura das leis laborais ordinárias.*

II. Tal direito de participação tem, simultaneamente, uma dimensão política e precetiva. Por um lado, uma dimensão essencialmente *política*: o processo de participação "implica a abertura de um importante espaço de debate social antes do acabamento de qualquer medida legislativa no domínio laboral"[111]. Por outro lado, uma dimensão *precetiva*: assegurando-se a consulta ou auscultação prévia das organizações representativas laborais perante propostas ou projetos legislativos em matéria de trabalho, é dada àquelas a possibilidade de tomarem conhecimento do seu conteúdo (evitando assim as "leis-surpresa") e de se pronunciarem sobre o mesmo (formulando opiniões que, conquanto não sendo vinculativas para o legislador ordinário, devem ser por este tomadas em consideração).

3. Regime. O Conceito de "Legislação do Trabalho"

I. O regime jurídico deste direito de participação dos organismos representativos dos trabalhadores suscita diversas questões, relativas à *titularidade* do direito (mormente, a sua eventual extensão às associações patronais), ao *exercício* do direito (mormente, a forma e os mecanismos da participação: cf. arts. 470.º e segs. do CT) e à *tutela* do direito (abrangido pelo regime próprio dos direitos, liberdades e garantias, "maxime", o princípio da aplicabilidade direta do art. 18.º, n.º 1 da CRP). Por razões que se prendem com o objeto precípuo do presente trabalho, deixaremos aqui de lado a análise geral de tais aspetos, exceto quando porventura àquele se venham a mostrar pertinentes.[112]

[110] Dray, Guilherme, *O Princípio da Proteção do Trabalhador*, 391, Almedina, Coimbra, 2015.

[111] Fernandes, A. Monteiro, *Direito do Trabalho*, 91, 18.ª edição, Almedina, Coimbra, 2017.

[112] Sobre tais aspetos do regime legal, vide Gouveia, J. Bacelar, *Os Direitos de Participação dos Representantes dos Trabalhadores na Elaboração da Legislação do Trabalho*, 125 e ss., in: "Estudos do Instituto de Direito do Trabalho", vol. I, 109-152, Almedina, Coimbra, 2001; Miranda, Jorge/ Medeiros, Rui, *Constituição da República Portuguesa Anotada*, tomo I, 554 e ss., Coimbra Editora, Coimbra, 2005; Canotilho, J. Gomes/ Moreira, Vital, *Constituição da República Portuguesa Anotada*, vol. I, 723 e ss., 4.ª edição, Coimbra Editora, Coimbra, 2007.

II. Pela sua importância-chave na economia do regime legal, merece destaque, naturalmente, o conceito de *"legislação do trabalho"*.

III. O legislador constitucional não definiu o que se deva entender por tal. *Mas o legislador ordinário teve o cuidado de o fazer*, desde a primeira hora. Assim o fez no art. 2.º da Lei n.º 16/79, de 26 de maio, relativa à participação das organizações de trabalhadores na elaboração da legislação do trabalho; assim o fez, mais tarde, no art. 524.º do CT de 2003; e assim o faz, presentemente, no CT de 2009.

Com efeito, em pleno pórtico do Capítulo II do Título III do Código do Trabalho (CT) – designado "Participação na Elaboração de Legislação do Trabalho" –, o art. 469.º, sob a epígrafe *"Noção de Legislação do Trabalho"*, dispõe o seguinte:

> "1 – Entende-se por legislação do trabalho a que regula os direitos e obrigações dos trabalhadores e empregadores, enquanto tais, e as suas organizações.
> 2 – São considerados legislação do trabalho os diplomas que regulam, nomeadamente, as seguintes matérias:
> a) Contrato de trabalho;
> b) Direito coletivo de trabalho;
> c) Segurança e saúde no trabalho;
> d) Acidentes de trabalho e doenças profissionais;
> e) Formação profissional;
> f) Processo do trabalho.
> 3 – Considera-se igualmente matéria de legislação do trabalho a aprovação para ratificação de convenções da Organização Internacional do Trabalho."

IV. A delimitação do conceito de "legislação do trabalho" constitui uma matéria *problemática*, que levanta bastantes dificuldades, sendo aqui apenas possível dar nota de alguns dos seus aspetos fundamentais.

V. Desde logo, a concretização deste conceito tem sido em grande medida o resultado da *tensão permanente* entre dois princípios de sinal inverso: por um lado, *a teleologia própria do direito fundamental*, que poderá justificar a adoção de um conceito de "legislação laboral" mais amplo do que o do legislador ordinário; por outro lado, o risco de *paralisia legislativa e insegurança jurídica*, submetendo o processo da feitura de leis a uma sobrecarga de complexidade ou permitindo que, por motivos meramente formais ou procedimentais, venham a ser banidas da ordem jurídica leis ordinárias inteiras, porventura muitos anos depois de estas terem pacificamente vigorado.[113]

Esta tensão, de resto, ao que julgamos, transparece das numerosas decisões do Tribunal Constitucional nesta matéria. Se, por um lado, este Tribunal tem defendido de modo consistente um *conceito amplo* de "legislação do trabalho" para efeitos da aplicação dos preceitos constitucionais – "face à inexistência de uma conceituação constitucional e ao carácter não esgotante do elenco de matérias acolhido no artigo 2.º, n.º 1, da Lei n.º 16/79, de 26 de Maio, entende-se por via de regra [...] não se encontrarem o intérprete e operador judiciários vinculados a esse enquadramento legal"[114] –, por outro lado, o mesmo Tribunal não tem deixado de acentuar a necessidade de estabelecer *limites* a um tal conceito amplo – "sob pena de a democracia, exagerando a sua dimensão participativista, conduzir a uma sobrecarga de complexidade paralisante, como se se pretendesse que a democracia deva equivaler a que, em cada momento, cada cidadão ou grupo de interesses tome conta e se pronuncie sobre tudo".[115]

VI. A adoção de uma *aceção ampla* de legislação laboral manifesta-se relativamente a ambos os termos do conceito.

Por um lado, o termo *"legislação"* tem sido entendido num sentido lato, por forma a abranger, não apenas os atos legislativos propriamente ditos (leis, decretos-leis, etc.), mas igualmente, em certas circunstâncias, os próprios regulamentos, as convenções internacionais e as leis de autorização legislativa.[116]

[113] MIRANDA, Jorge/ MEDEIROS, Rui, *Constituição da República Portuguesa Anotada*, tomo I, 560, Coimbra Editora, Coimbra, 2005.

[114] Acórdão do TC n.º 167/03, de 28 de março (A. TAVARES COSTA), in: DR, II.ª série, n.º 121/2003, de 26 de maio, 8094-8096 (8095).

[115] Acórdão do TC n.º 262/90, de 10 de outubro (ASSUNÇÃO ESTEVES), in: DR, II.ª série, n.º 292/1990, de 20 de dezembro, 5178-5185 (5181).

[116] GOUVEIA, J. Bacelar, *Os Direitos de Participação dos Representantes dos Trabalhadores na Elaboração da Legislação do Trabalho*, 132 e ss., in: "Estudos do Instituto de Direito do Trabalho", vol. I, 109-152, Almedina, Coimbra, 2001; MIRANDA, Jorge/ MEDEIROS, Rui, *Constituição da*

Por outro lado, o termo legislação "*do trabalho*" tem sido também entendido num sentido amplo que abranja os diplomas legais ordinários que versem sobre qualquer ponto do estatuto jurídico dos trabalhadores, incluindo, pois, a legislação sobre as relações individuais (v.g., retribuição, acidentes de trabalho) e as relações coletivas (v.g., regulamentação dos direitos das associações sindicais e comissões de trabalhadores). Tal como se refere no Acórdão do TC n.º 119/99, de 2 de março (V. Nunes de Almeida), "há que incluir dentro da «legislação do trabalho» normas sobre contrato individual de trabalho e relações colectivas de trabalho, organizações representativas de trabalhadores, direito à greve, salário mínimo nacional e horário nacional de trabalho, formação profissional, acidentes de trabalho e doenças profissionais e a ratificação de convenções internacionais, processo laboral, podendo, em geral, afirmar-se que, de acordo com a jurisprudência do Tribunal Constitucional, o conceito abrange a legislação regulamentar dos direitos fundamentais dos trabalhadores reconhecidos na Constituição".[117]

VII. Tal aceção ampla do conceito de legislação, todavia, tem *limites*: entre os mais relevantes, deve destacar-se que tal conceito apenas abrange as normas ordinárias que tenham uma *conexão direta* com matérias laborais e que possuam um caráter *inovador* em tais matérias.

Por um lado, o conceito de legislação laboral apenas abrange aquelas normas que respeitem diretamente a matérias laborais – ou seja, que regulam diretamente as relações individuais ou coletivas de trabalho –, *e não já aquelas que possuam uma conexão ou repercussão meramente indiretas, reflexas ou incidentais sobre tais matérias*. Como se sublinha enfaticamente no Acórdão do TC n.º 119/99, de 2 de março (V. Nunes de Almeida), "em tal conceito tem-se considerado caberem as normas que respeitam *directamente* à regulamentação e efectivação de todos os direitos fundamentais reconhecidos aos trabalhadores na Constituição, mas não já as normas que apenas tutelem *indirecta e reflexamente* esses direitos".[118]

República Portuguesa Anotada, tomo I, 560 e ss., Coimbra Editora, Coimbra, 2005; Canotilho, J. Gomes/ Moreira, Vital, *Constituição da República Portuguesa Anotada*, vol. I, 724 e s., 4.ª edição, Coimbra Editora, Coimbra, 2007.

[117] In: 42 ATC (1999), 89-90.

[118] Itálicos no original (in: 42 ATC (1999), 89-90). No mesmo sentido, entre outros, vide os Acórdãos do TC n.º 203/90, de 19 de junho (Monteiro Diniz), n.º 355/91, de 4 de julho (Alves Correia), n.º 155/92, de 3 de abril (Monteiro Diniz), n.º 152/93, de 3 de fevereiro

Por outro lado, o conceito de legislação laboral apenas abrange aquelas normas que possuam um caráter *inovador* em matérias laborais, ou seja, que estatuam um regime substantivamente diferente e novo relativamente ao quadro legal preexistente, *e não já aquelas que mantenham uma situação laboral que já se encontrava legalmente definida ou prevista*: como se refere no Acórdão do TC n.º 259/2001, de 30 de maio (V. NUNES DE ALMEIDA), que justamente versa sobre um dos trechos do art. 398.º do CSC, "não havendo inovação substantiva, mas antes a mera atribuição de uma qualificação jurídica que remetia o intérprete e aplicador do direito para uma situação que estava já legalmente definida, nos seus contornos essenciais, não pode ter-se por exigível a consulta prévia das organizações representativas dos trabalhadores".[119]

VIII. Em suma, dir-se-ia que o direito constitucional de participação dos trabalhadores na feitura da legislação do trabalho é, afinal, uma *delicada "peça de relojoaria"* cujo funcionamento teórico e prático depende estritamente do equilíbrio que se consiga obter entre um conceito amplo de legislação do trabalho – que faça jus à sua teleologia inspiradora própria – e os limites desse mesmo conceito – que impeça a sua extensão para lá do próprio Direito do Trabalho.

O relevo deste equilíbrio, e os riscos inerentes ao desequilíbrio, foram formulados por J. BACELAR GOUVEIA: "Estamos em crer que o conceito constitucionalmente relevante de legislação do trabalho há-de ser entendido num ponto médio de equilíbrio: toda a normação que se destine a regular a disciplina do trabalho subordinado – sob as três referidas óticas (relações individuais, relações coletivas, intervenção do Estado) – e, ao mesmo tempo, sem que isso possa também significar a inclusão de normas que são constitucionalmente pertinentes com outros ramos do Direito, e não com o Direito do Trabalho, havendo mesmo áreas de sobreposição. (...) A não ser assim, podemos chegar ao absurdo – que é lógico e prático – de

(A. RIBEIRO MENDES), n.º 229/94, de 8 de março (MESSIAS BENTO), e n.º 173/2001, de 18 de abril (MESSIAS BENTO). Convergentemente, também a doutrina: cf. MIRANDA, Jorge/ MEDEIROS, Rui, *Constituição da República Portuguesa Anotada*, tomo I, 565 e ss., Coimbra Editora, Coimbra, 2005.

[119] In: DR, II.ª série, n.º 254/2001, de 2 de novembro, 18263-18265 (18265). No mesmo sentido, vide ainda os Acórdãos do TC n.º 157/88, de 7 de julho (J. CARDOSO DA COSTA), n.º 167/03, de 28 de março (A. TAVARES COSTA), e n.º 104/04, de 11 de fevereiro (BENJAMIM RODRIGUES).

tudo consideramos como sendo legislação do trabalho: o que certamente desvirtuaria o sentido constitucional do conceito, bem como definitivamente mataria a função útil que tais direitos são chamados a exercer".[120]

4. Efeitos

I. Por fim, há que referir as consequências do incumprimento ou inobservância deste direito constitucional. Apesar de inicialmente ter existido doutrina que apontava no sentido da mera ilegalidade[121], hoje deve considerar-se pacífico o entendimento da jurisprudência do TC segundo o qual estamos diante de um vício gerador da inconstitucionalidade das normas legais – a ponto mesmo de alguns falarem, a este propósito, de um "costume constitucional" (Jorge Miranda)[122]. Tal significa dizer que as leis ou normas laborais ordinárias que tenham sido aprovadas no seio do órgão legislativo próprio, sem ter sido dada aos organismos representativos dos trabalhadores a possibilidade de estes serem ouvidos ou intervirem durante a fase da sua elaboração ou feitura, serão feridas de *vício de procedimento gerador de inconstitucionalidade formal*. Tratando-se de um direito fundamental que é dotado de aplicabilidade direta (art. 18.º, n.º 1 da CRP), tal vício subsistirá mesmo na falta de uma lei regulamentadora do processo de participação dos trabalhadores na legislação do trabalho (arts. 470.º e segs. do CT).

II. Intimamente associada a este aspeto, está ainda a questão dos *efeitos de decisão de inconstitucionalidade* de norma legal, proferida no âmbito de um processo de fiscalização concreta. Nos termos gerais, tais decisões serão

[120] *Os Direitos de Participação dos Representantes dos Trabalhadores na Elaboração da Legislação do Trabalho*, 132, in: "Estudos do Instituto de Direito do Trabalho", vol. I, 109-152, Almedina, Coimbra, 2001.

[121] É o caso de Francisco Lucas Pires, opinião tanto mais original quanto proferida em pleno "estado de graça" da CRP de 1976: segundo aquele Autor, estar-se-ia aqui perante um instrumento de "lobby" institucionalizado, cuja inobservância não seria suficiente para acarretar qualquer vício de constitucionalidade para as leis ordinárias (*Art. 56, alínea d) – Direito das Comissões de Trabalhadores de Participar na Elaboração da Legislação do Trabalho e dos Planos Económico-Sociais que Contemplem o Respetivo Sector*, 378, in: AAVV, "Estudos sobre a Constituição", vol. I, 376-379, Petrony, Lisboa, 1977).

[122] *Direitos Fundamentais*, 533, 2.ª edição, Almedina, Coimbra, 2017.

destituídas de força obrigatória geral (art. 282.º, n.º 1 da CRP) – produzindo apenas efeitos "inter partes" e fazendo apenas caso julgado formal no respetivo processo (cf. art. 80.º, n.º 1 da LOFPTC) –[123], não determinando a invalidade "de plano" da norma legal que foi julgada inconstitucional – a qual será desaplicada pelo tribunal judicial "a quo" no caso concreto (com efeitos retroativos) e poderá ser fundamento de interposição de recurso de decisões judiciais que a apliquem em casos futuros (art. 70.º, n.º 1, g) da LOFPTC), mas não banida ou eliminada da Ordem Jurídica[124] –, e não impedindo assim também, por conseguinte, que o próprio Tribunal Constitucional se venha a pronunciar posteriormente em sentido diverso sobre a mesma questão, reputando constitucional uma norma legal que havia anteriormente sido julgado inconstitucional (cf. art. 79.º-D, n.º 1 da LOFPTC).[125]

III. Finalmente, recorde-se ainda as disposições do art. 281.º, n.º 3 do CSC – segundo a qual "o Tribunal Constitucional aprecia e declara ainda, com força obrigatória geral, a inconstitucionalidade ou a ilegalidade de qualquer norma, desde que tenha sido por ele julgada inconstitucional ou ilegal em três casos concretos" – e do art. 82.º da LOFPTC – a qual, confirmando esta doutrina, refere que "sempre que a mesma norma tiver sido julgada inconstitucional ou ilegal em três casos concretos, pode o Tribunal

[123] O caso julgado nas decisões de inconstitucionalidade concreta é assim frequentemente qualificado como um caso julgado *prejudicial,* uma vez que existe uma relação de prejudicialidade entre o incidente de inconstitucionalidade e o julgamento do processo principal (FALCÃO, P. Tavares, *Sistema de Fiscalização Concreta da Constitucionalidade em Portugal,* 48, Diss., Lisboa, 2013).

[124] MORAIS, C. Blanco, *Justiça Constitucional,* Tomo II, 788, Coimbra Editora, Coimbra, 2005. Em sentido aparentemente diverso, MIRANDA, Jorge/ MEDEIROS, Rui, *Constituição da República Portuguesa Anotada,* tomo I, 559, Coimbra Editora, Coimbra, 2005.

[125] "Se o Tribunal Constitucional vier a julgar a questão da inconstitucionalidade ou ilegalidade em sentido divergente do anteriormente adotado quanto à mesma norma por qualquer das suas secções, dessa decisão cabe recurso para o plenário do Tribunal, obrigatório para o Ministério Público quando intervier no processo como recorrente ou recorrido". Neste sentido também, Jorge MIRANDA: "Após ter julgado inconstitucional ou ilegal uma norma, o Tribunal Constitucional – salvo declaração com força obrigatória geral – pode decidir em sentido diverso; ou pode haver divergência entre as duas secções. Nem por isso fica afastado o pressuposto do art. 280.º, n.º 5" (*Fiscalização da Constitucionalidade,* 265, Almedina, Coimbra, 2017).

Constitucional, por iniciativa de qualquer dos seus juízes ou do Ministério Público, promover a organização de um processo com as cópias das correspondentes decisões, o qual é concluso ao Presidente, seguindo-se os termos do processo de fiscalização abstrata sucessiva da constitucionalidade ou da ilegalidade previstos na presente lei". Tal significa que, ao cabo de três decisões do Tribunal no sentido da inconstitucionalidade formal de norma legal laboral por vício procedimental, prolatadas no âmbito da sua fiscalização concreta, a mesma norma poderá vir a ser *declarada inconstitucional com força obrigatória geral* no âmbito de um processo oficioso de fiscalização abstrata sucessiva da constitucionalidade.

§2 DA (NÃO) INTEGRAÇÃO DA NORMA NA "LEGISLAÇÃO DO TRABALHO"

1. O Problema

I. Expostos os traços gerais do direito constitucional de participação dos organismos representativos dos trabalhadores na legislação laboral (arts. 54.º, n.º 5, d), e 56.º, n.º 2, a) da CRP), é tempo de nos virarmos para a apreciação dos fundamentos aduzidos pelo Tribunal Constitucional, nos seus Acórdãos n.º 1018/96 e n.º 626/2011, para sustentar a inconstitucionalidade formal da norma do art. 398.º, n.º 2, 1.ª parte, do CSC.

II. E vamos fazê-lo, começando pela análise do primeiro, e porventura mais importante, desses fundamentos: *a integração desta norma legal no âmbito da "legislação do trabalho"*.

III. A fundamentação aduzida a tal respeito, quer pelo Tribunal Constitucional, quer pela jurisprudência e doutrina que neste se louvam, *não é particularmente substancial*.

O Acórdão n.º 1018/96 apenas refere que "tendo a aludida norma, como acima se referiu, aquela repercussão directa e imediata, não se poderá deixar de a considerar como incluível no conceito de legislação do trabalho (tendo em conta a economia do presente aresto, limitar-nos-emos a, sobre tal conceito, fazer apelo ao que, a propósito, foi dito, por entre muitos outros, no Acórdão deste Tribunal n.º 362/94, in "Diário da República",

1.ª Série-A, de 15 de Junho de 1994)"[126]. O Acórdão n.º 626/2011, transcrevendo as passagens da anterior decisão, afirma apenas que "é este entendimento que agora se reitera: a norma em apreciação enquadra-se no conceito de «legislação laboral» (...)".[127]

E algo de semelhante se diga dos nossos tribunais judiciais e autores que perfilham a tese da inconstitucionalidade, os quais, ou bem se limitam a louvar o seu entendimento nos referidos Acórdãos – vide o Acórdão do STJ de 22-X-1997 (Almeida Devesa)[128] ou a posição de J. Coutinho de Abreu[129] –, ou bem que se limitam a adjetivar sem propriamente fundamentar tal entendimento – "manifesta violação das apontadas normas dos arts. 55.º, alínea d), e 57.º, n.º 2, alínea a), da Constituição da República Portuguesa" (Acórdão do STJ de 12-IX-2013 (Fernandes da Silva)[130] ou "matéria manifestamente laboral" (Acórdão da Relação de Guimarães de 16-II-2017 (Helena Melo)).[131]

IV. Salvo o respeito devido, *discordamos deste entendimento.*

V. É consabido que, perante o "mare magnum" das leis e das normas, o ordenamento jurídico sentiu necessidade de distinguir os grandes continentes do mapa-múndi jurídico, isto é, as grandes divisões do Direito (a começar, pela "summo divisio" entre Direito Público e Direito Privado). E é também consabido que, dentro do Direito Privado, se tornou usual distinguir entre o Direito Civil – enquanto ramo do direito privado comum, que regula de um modo geral as relações entre os sujeitos privados – e vários outros ramos especiais jusprivatistas – que, como é o caso do Direito Comercial ou do Direito do Trabalho, têm por objeto apenas uma certa classe ou setor particular dessas relações entre os sujeitos privados.[132]

[126] Cf. *supra* III – § 2.1 (cf. também 35 ATC (1996), 207-213 (212)).

[127] Cf. *supra* III – § 2.1 (cf. também 80 ATC (2011), 431-437 (436)).

[128] Cf. *supra* III – § 2.2 (III) (cf. também 435 AD (1998), 406-419).

[129] Cf. *supra* III – § 2.3 (II). O Autor aduz, é certo, outros argumentos, mas exclusivamente no plano das soluções encontradas pelo legislador ordinário societário a respeito do regime de cúmulo administrador/ trabalhador, não da questão da sua constitucionalidade.

[130] Cf. *supra* III – § 2.2 (II) (também in: 251 CJ/ STJ (2013), III, 239-241 (240)).

[131] Cf. *supra* III – § 2.2 (IV) (também in: www.dgsi.pt – Proc. n.º 2443/16.9T8VNF.G1).

[132] Sobre o Direito Comercial como direito privado especial, vide Abreu, J. Coutinho, *Curso de Direito Comercial*, vol. I, 41 e s., 11.ª ed., Almedina, Coimbra, 2018. Sobre o Direito do Trabalho

VI. Ora – mesmo dando de barato que as tradicionais divisões do Direito já conheceram melhores dias – é, quanto a nós, apodítico que a norma do art. 398.º do CSC é, no seu todo e nas suas partes, uma *norma de Direito Comercial*[133]: para ser mais preciso, *ela é formalmente e materialmente comercial.*

E eis porquê.

2. O Art. 398.º do CSC como Norma Formalmente Comercial

I. O art. 398.º, n.os 1 e 2 do CSC é uma norma de natureza *formalmente comercial*, quer do ponto de vista da sua génese histórica, quer da sua inserção legislativa.

II. Desde logo, a norma em apreço foi pela primeira (e única) vez regulada num *diploma legislativo de natureza comercial* – o Código das Sociedades Comerciais, aprovado pelo Decreto-Lei n.º 262/86, de 2 de setembro –, aí tendo permanecido inalterada ao longo de mais de 30 anos.

III. Esta natureza formalmente comercial da norma é também corroborada pela sua *génese histórica*. Como vimos oportunamente[134], o cúmulo administrador/trabalhador era uma questão bem antiga e conhecida em Portugal: prática muito frequente na vida das sociedades comerciais, a jurisprudência portuguesa dedicara-lhe a sua atenção desde meados do séc. XX, tendo, aliás, dado origem a um assinalável número de decisões em sentidos divergentes. Como se refere no Acórdão do STJ de 29-IX-1999 (J. ANTÓNIO MESQUITA), "antes do Código das Sociedades Comerciais (Decreto-Lei n.º 262/86, de 2 de Setembro) não havia disposição legal

como direito privado especial, vide MARTINEZ, P. Romano, *Direito do Trabalho*, 60 e ss., 8.ª edição, Almedina, Coimbra, 2017.

[133] Tomamos aqui a expressão "Direito Comercial" no *sentido amplo* de setor do Direito Privado que alberga atualmente um conjunto de disciplinas-filhas, onde se incluiu, entre tantas, o Direito das Sociedades Comerciais, o Direito Bancário, o Direito do Mercado de Capitais, ou o Direito da Propriedade Industrial. Cf. ANTUNES, J. Engrácia, *Direito Comercial*, em curso de publicação.

[134] Cf. *supra* II – § 1.2.

expressa sobre o problema, encontrando-se muito dividida a doutrina e a jurisprudência neste ponto".[135]

IV. Ora, não deixa de ser sintomático a este respeito que o legislador português, com vista a resolver tal controvérsia e a disciplinar expressamente a questão, tenha optado por *consagrar a sua disciplina numa lei comercial* – o CSC de 1986 – e não na lei laboral – a LCT então vigente[136]. Como não deixa de ser revelador que o mesmo legislador tenha igualmente optado por *manter incólume tal disciplina na lei comercial* até à presente data, e isto seja após as reticências manifestadas pelo Tribunal Constitucional quanto à sua constitucionalidade desde 1996, seja após a entrada em vigor do CT de 2003 e do CT de 2009, seja mesmo após sucessivas revisões sofridas pelo próprio CSC de 1986[137]. Tivesse realmente o legislador português querido atribuir a uma tal norma uma natureza laboral, e não comercial, não lhe teriam faltado oportunidades para o manifestar – o que não sucedeu.

3. O Art. 398.º do CSC como Norma Materialmente Comercial

I. Mais importante, o art. 398.º, n.ºs 1 e 2 do CSC é uma norma *materialmente* comercial, seja em razão da sua formulação, seja em razão da sua inserção sistemática, seja ainda, e sobretudo, em razão dos interesses e finalidades que lhe estão subjacentes.

135 In: VII CJ/STJ (1999), III, 248-251 (249).

136 Regime Jurídico do Contrato Individual de Trabalho (Decreto Lei n.º 49 408, de 24 de novembro de 1969).

137 Este aspeto foi também sublinhado pela jurisprudência dos tribunais superiores: "Aliás, muito estranho seria que, devendo este preceito considerar-se revogado (por inconstitucionalidade), nunca os vários diplomas que alteraram o Código das Sociedades Comerciais após a sua publicação em 1986 (30) tenham modificado o regime que emerge dos n.ºs 1 e 2 do respectivo art 398.º no que diz respeito à cessação dos contratos de trabalho com duração inferior a um ano" (Acórdão do STJ de 9-IV-2008 (Sousa Grandão), in: www.dgsi.pt. (Proc. n.º 07S1695)). Sabemos, todavia, que a inserção sistemática ou formal das normas tem sido considerada pelo Tribunal Constitucional, no âmbito da sua conceção lata de legislação laboral, como um mero indício de qualificação não decisivo: cf. Acórdão n.º 396/2011, de 21 de setembro (Sousa Ribeiro), in: 82 ATC (2011), 17-44 (28).

II. Desde logo, cumpre realçar que a norma em apreço, mais do que propriamente regular a situação do administrador/ trabalhador, visa estabelecer um princípio de independência e de autonomia dos titulares dos órgãos de administração das sociedades anónimas no exercício das suas funções: o exercício das funções de administração é incompatível com o exercício de *quaisquer outras funções* profissionais na mesma sociedade ou em outras sociedades do mesmo grupo.

Por essa razão, a norma não se se limita, pois, a proibir o cúmulo do contrato de administração com o contrato de trabalho, mas, de um modo geral, com outros vínculos contratuais que possam colocar em causa tal autonomia, sejam estes *contratos de prestação de serviços* (art. 398.º, n.º 1 do CSC, arts. 1154.º a 1156.º do CCivil), sejam estes *contratos de mandato* (arts. 1157.º a 1184.º do CCivil, arts. 231.º a 247.º do CCom), de *depósito* (arts. 1185.º a 1206.º do CCivil, arts. 403.º a 424.º do CCom), ou de *empreitada* (arts. 1207.º a 1230.º do CCivil), enquanto modalidades da prestação de serviços (art. 1155.º do CCivil)[138]. Pode assim dizer-se, logo no plano da sua redação, que a *referência ao contrato de trabalho é meramente instrumental ou acessória*, e não essencial ou exclusiva, do princípio fundamental que a inspira.

III. Esta perspetiva sai ainda mais reforçada quando se atente na *inserção sistemática* da norma. Como logo no início foi posto em destaque, tal preceito insere-se sistematicamente num conjunto de disposições do CSC relativas à prevenção e à regulação de *conflitos de interesses* por parte dos membros dos órgãos de administração das sociedades anónimas: assim, o art. 397.º consagra uma proibição de conclusão de negócios entre os administradores e a sociedade; e o próprio art. 398.º, nos seus n.ºs 3 a 5, consagra uma proibição de exercício pelos administradores de atividades concorrentes à da sua sociedade.[139]

Não será necessário adentrarmo-nos muito nesta temática para rapidamente se perceber que nos encontramos diante de uma *disciplina jurídico-societária unitária* que, com o objetivo de assegurar a independência

[138] FURTADO, J. Pinto, *Código das Sociedades Comerciais Anotado,* 397, 6.ª edição, Quid Juris, Lisboa, 2012; VENTURA, Raúl, *Nota sobre a Interpretação do Artigo 398.º do Código das Sociedades Comerciais,* 264, in: 125 "O Direito" (1993), 261-265.

[139] Cf. *supra* II – § 1.4.

daqueles membros e de tutelar os interesses da sociedade, bem como dos seus sócios e credores sociais, estabelece uma limitação genérica à liberdade contratual dos administradores durante o exercício das respetivas funções: na verdade, os administradores não estão apenas impedidos de celebrar contratos de trabalho ou de prestação de serviços (incluindo mandato, depósito ou empreitada) com a sua sociedade ou sociedade coligada, mas verdadeiramente, "summo rigore", eles estão impedidos de celebrar (sem a autorização da própria sociedade ou dos seus órgãos próprios competentes) quaisquer contratos de administração ou quaisquer dos contratos atrás referidos com outras sociedades concorrentes (art. 398.º, n.º 3 do CSC)[140], bem como genericamente contratos de qualquer tipo com a própria sociedade ou sociedade coligada, diretamente ou por interposta pessoa, incluindo contratos de compra e venda, de empréstimo ou outros (art. 397.º do CSC).[141]

IV. Se a redação e a inserção sistemática do art. 398.º, n.os 1 e 2 do CSC ajudam a colocar as coisas na devida perspetiva – mostrando quão instrumental é a referência ao contrato de trabalho no seio do preceito, surgindo este como apenas (mais) um no seio de uma gama de múltiplos (e até, por força da cláusula geral do art. 397.º, n.º 2 do CSC, virtualmente ilimitados) tipos contratuais que são relevantes no domínio dos vínculos negociais entre administrador e sociedade –, a consideração das suas finalidades próprias subjacentes não permite deixar qualquer dúvida razoável sobre a *natureza materialmente comercial* da norma.

Como vimos atrás oportunamente, esta norma tem a si subjacente três finalidades ou ordens de razões fundamentais: para além da já referida prevenção de conflitos de interesses, a integridade do modelo

[140] Sobre a proibição de concorrência (art. 398.º, n.os 3 a 5), vide CUNHA, P. Olavo, *Limitações à Atividade Concorrente de Gestores de Sociedades Comerciais*, in: "IV Congresso da DSR", 139-151, Almedina, Coimbra, 2016; MARTINS, A. Soveral, *O Exercício de Actividades Concorrentes por Gerentes de Sociedades por Quotas*, in: LXXII "Boletim da Faculdade de Direito da Universidade de Coimbra" (1996), 315-343.

[141] Sobre a proibição de negócios com a sociedade (art. 397.º), vide SERRA, A. Vaz, *Contrato Consigo Mesmo e Negociação de Directores ou Gerentes de Sociedades Anónimas ou por Quotas com as Respectivas Sociedades*, in: 100 "Revista de Legislação e de Jurisprudência" (1967), 81-83 (com continuação); TELLES, I. Galvão, *Contrato entre a Sociedade Anónima e o seu Director*, in: 87 "O Direito" (1955), 12-28.

legal de governo societário e a integridade do estatuto dos administradores[142]. Trata-se, estes, de *valores e interesses tipicamente jussocietários*, e não juslaborais, sucedendo apenas que o legislador cuidou de regular as projeções ou vicissitudes que a celebração paralela de determinados contratos (entre os quais, o contrato de trabalho) pode possuir no plano da organização e da administração das sociedades comerciais: é que a celebração de tais contratos pode colocar em cheque determinados traços identitários do *modelo legal do governo das sociedades anónimas* – "maxime", os amplos poderes dos administradores em matérias laborais (arts. 405.º, n.º 1 e 406.º, g), h), i) e m) do CSC), que poderiam ser subvertidos caso fosse admitido que estes, sendo também trabalhadores, decidissem em causa própria, bem assim como os poderes dos sócios em matéria da livre destituição dos administradores (arts. 403.º, n.º 1 e 430.º do CSC), que poderiam ser facilmente iludidos caso fosse possível a estes garantir a sua inamovibilidade da empresa graças à celebração de contratos de trabalho – e ainda determinados traços identitários do *estatuto jurídico ativo e passivo* dos próprios administradores – designadamente, os seus deveres gerais de lealdade (art. 64.º, n.º 1, b) do CSC) e a sua conexa responsabilidade civil perante a sociedade, seus sócios e credores (arts. 72.º e segs. do CSC), cuja aplicação se revela incompatível com a bizarra criatura resultante do cúmulo de um "Dr. Jekyll" (administrador) e um "Mr. Hyde" (trabalhador).

4. Direito Comparado

I. Esta natureza formal e materialmente comercial – e não laboral – do art. 398.º, n.ºs 1 e 2 do CSC, é ainda amplamente confirmada, por último, através da própria *lição de direito comparado.*

II. Com efeito, naquelas (poucas) ordens jurídicas estrangeiras que, tal como a portuguesa, previram uma disciplina própria na matéria, a questão foi igualmente regulada pelo legislador comercial, e não laboral. Assim sucedeu em França, onde a questão da acumulação das funções de

[142] Cf. *supra* II – § 1.4 (III e IV).

administrador ("administrateur") e trabalhador ("salarié") é regulada no art. 225-22 do "Code de Commerce".[143]

III. Mas mesmo naquelas ordens jurídicas (que são porventura a maioria) cujo legislador não previu um regime próprio na matéria, a doutrina e jurisprudência tratam tal questão como uma questão comercial, e não laboral. Assim sucede, apenas para referir alguns casos, em Itália – onde a questão do chamado "amministratori dependenti", simultaneamente titular e destinatário do poder de gestão social e do poder diretivo laboral, é uma questão tratada pela doutrina comercialística no âmbito das incompatibilidades ou impedimentos para os cargos de administração[144] –, em Espanha – onde o concurso de funções de administrador ("consejero") e certas funções laborais, mormente a de diretor-geral, é admitido em certas condições ao abrigo da faculdade de "apoderamiento"[145] – ou em Inglaterra – onde a questão do cúmulo entre a função de administrador ("director") e o exercício de outras funções na organização da empresa social, mormente as de gestor ou diretor funcional ("manager"), levanta sobretudo problemas particulares ao nível dos contratos de serviços e das remunerações.[146]

[143] CHAPUT, Yves (dir.), *Code de Commerce,* 240 e ss., 9ème édition, Dalloz, Paris, 2004; LE CANNU, Paul/DONDERO, Bruno, *Droit des Sociétes,* 471 e ss., 3ème édition, Montchrestien, Paris, 2009; PÉTEL, Phillipe (dir.), *Code de Commerce,* 272 e ss., LexisNexis, Paris, 2011.

[144] CASELLI, Giovanni, *Vicende del Rapporto di Administrazione,* 36 e ss., in: "Trattatto delle Società per Azioni", vol. 4, Utet, Torino, 1991; GALGANO, Francesco, *Diritto Commerciale,* 320 e ss., 18.ª edizione, Zanichelli, Bologna, 2013; GHEZZI, Federico, *Amministratori,* 136 e ss., in: "Commentario alla Riforma delle Società", Egea/ Giuffrè, Milano, 2005.

[145] Faculdade essa, aliás, prevista na lei comercial (art. 249.º, n.º 1 da "Ley de Sociedades de Capital", anteriormente art. 141.º, n.º 1 da "Ley de Sociedades Anónimas"). Sobre a questão, vide CHULIÁ, F. Vicent, *Introducción al Derecho Mercantil,* 676 e ss., 3.ª edición, Bosch, Barcelona, 1991; HERMIDA, A. Tapia, *La Alta Dirección Empresarial (Administradores e Altos Cargos),* in: "Estudios de Derecho Mercantil en Homenage al Prof. M. Broseta Pont", tomo II, 3723-3752, Tirant lo Blanch, Valencia, 1995; RUÍZ, M. Sánchez, *Apoderamiento General en Favor de un Consejero,* in: AAVV, "Derecho de Sociedades", vol. II, 1849-1867, Aranzadi/ Thomson Reuteurs, Navarra, 2010.

[146] DAVIES, Paul, *Principles of Modern Company Law,* 381 e ss., 392 e ss., 8th edition, Thomson/ Sweet & Maxwell, London, 2008. Devido ao seu particular modelo de coparticipação dos trabalhadores na gestão das empresas ("Mitbestimmung"), o caso alemão reveste uma especificidade que não permite extrapolações para os restantes ordenamentos jurídicos europeus (exceto porventura os escandinavos), incluindo o português.

5. A Conexão Indireta ou Reflexa com Matérias Laborais

I. Em conclusão: a norma do art. 398.º do CSC, no seu todo e nas suas partes, é uma norma cuja génese histórica, inserção sistemática, razão de ser e sentido fundamental possui, tanto em Portugal como (para figuras congéneres) noutros ordenamentos jurídicos estrangeiros, uma matriz exclusivamente comercial – atinente aos valores e interesses próprios da disciplina jurídica das sociedades comerciais –, sendo, por conseguinte, *a sua conexão com o terreno das matérias laborais e das relações de trabalho puramente indireta, reflexa ou incidental.*

II. Esta – convém sublinhá-lo – tem sido também *a opinião prevalecente entre os vários autores e arestos* que se pronunciaram sobre a natureza daquela norma legal. Assim, na doutrina, vejam-se A. MENEZES CORDEIRO: "o art. 398.º/ 2 é uma norma materialmente comercial, que apenas visa evitar que se contorne a proibição do artigo 398.º/1, pacífica nos diversos países: a da prestação de serviço contratada, pelo administrador, à sociedade"[147]; ou J. ASSUNÇÃO DUARTE: "a nível formal, entendemos que a norma não visa uma alteração laboral, mas sim uma especificação à lei societária, e em particular à regulação da administração dessa mesma sociedade, não estando em causa qualquer tipo de direitos ou deveres de trabalhadores"[148]. Na jurisprudência, vejam-se o Acórdão do STJ de 13-VII-2011 (PEREIRA RODRIGUES): "Não estão aí em causa direitos dos trabalhadores enquanto tal, ou das respectivas organizações associativas, mas sim direitos dos administradores das sociedades"[149]; o Acórdão do STJ de 7-III-2007 (FERNANDES CADILHA): "Não se trata, pois, de legislação de trabalho e não havia que fazer intervir, no respectivo processo legislativo, as estruturas representativas dos trabalhadores"[150]; e o Acórdão da RL de 29-I-2014 (P. SÁ FERNANDES): " a norma em causa tem como destinatário o Administrador da sociedade, nessa qualidade, e visa obstar a que este adquira a qualidade de trabalhador ou prestador de serviços da sociedade. Trata-se, assim, de vedar ao

[147] *Código das Sociedades Comerciais Anotado*, 1063, 2.ª edição, Almedina, Coimbra, 2011.

[148] *A Comissão de Serviço nos Cargos de Administração e a Problemática da Cessação*, 63, Diss., Lisboa, 2016.

[149] In: www.colectaneadejurisprudencia.com (Proc. n.º 476/05).

[150] In: 198 CJ/STJ (2007), I, 276-280 (280).

administrador a vinculação a outras actividades de colaboração pessoal na sociedade administrada, dado o risco que a confusão no mesmo sujeito das qualidades de administrador e administrado podia acarretar para a prossecução dos interesses sociais. Tal norma não pode por isso incluir-se no conceito de legislação do trabalho e, portanto, não tinha de ter a participação dos organismos representativos dos trabalhadores no respectivo processo legislativo."[151]

III. Em virtude desta natureza indireta ou reflexa da sua conexão com o Direito do Trabalho, tal norma legal – aí incluída, pois, a parte relativa à extinção dos contratos de trabalho dos administradores celebrados há menos de um ano (art. 398.º, n.º 2, 1.ª parte, do CSC) – extravasa o conceito de "legislação do trabalho" para efeitos do direito constitucional de participação dos organismos representativos dos trabalhadores, consagrado nos arts. 54.º, n.º 5, d) e 56.º, n.º 2, a) da CRP: como atrás vimos, e constitui entendimento do próprio Tribunal Constitucional, "em tal conceito tem-se considerado caberem as normas que respeitam *directamente* à regulamentação e efectivação de todos os direitos fundamentais reconhecidos aos trabalhadores na Constituição, mas não já as normas que apenas tutelem *indirecta e reflexamente* esses direitos".[152]

IV. Relembre-se que, justamente com base na ausência de uma conexão direta ou primária com as matérias laborais, o mesmo Tribunal Constitucional *já se pronunciou diversas vezes pela constitucionalidade de leis ordinárias que com tais matérias possuem tão somente uma ligação ou relevância meramente indireta, reflexa ou secundária*. Assim sucedeu, por exemplo, com o Acórdão n.º 203/90, de 19 de junho (Monteiro Diniz), relativamente aos efeitos da omissão de registo do trabalho suplementar em suporte adequado e de comunicação da prestação de trabalho suplementar à autoridade competente[153]; com o Acórdão n.º 355/91, de 4 de julho (Alves Correia), relativamente às normas que se referem à organização administrativa do trabalho, às

[151] In: 260 CJ/STJ (2014), I, 162-163 (162 e s.).

[152] Acórdão do TC n.º 119/99, de 2 de março (V. Nunes de Almeida), in: 42 ATC (1999), 89-90. Sobre este aspeto, vide já *supra* IV – § 1.3.

[153] In: ATC 16 (1990), 72-73 (com voto de vencido do Juiz-Conselheiro A. Ribeiro Mendes).

atribuições dos serviços e competências dos órgãos administrativos que têm a seu cargo o controlo da observância das normas jurídico-laborais pelos seus destinatários e ao regime jurídico da punição da infração aos preceitos laborais[154]; com o Acórdão n.º 155/92, de 3 de abril (MONTEIRO DINIZ), relativo às normas do direito processual laboral que fixam o valor das ações concernentes à validade do contrato do trabalho, ao despedimento do trabalhador e à sua reintegração[155]; com o Acórdão n.º 152/93, de 3 de fevereiro (A. RIBEIRO MENDES), relativo às leis de amnistia de infrações disciplinares cometidas por trabalhadores de empresas públicas ou de capitais públicos[156]; com o Acórdão n.º 229/94, de 8 de março (MESSIAS BENTO), relativo às normas que procedem ao enquadramento jurídico-laboral dos trabalhadores da Santa Casa da Misericórdia de Lisboa no âmbito de uma opção político-organizativa da própria pessoa coletiva[157]; ou com o Acórdão n.º 173/2001, de 18 de abril (MESSIAS BENTO), relativo às normas em matéria das remunerações mensais relevantes para o cálculo das pensões.[158]

V. Aliás, qualquer outra interpretação, que propugnasse uma leitura maximalista do âmbito do conceito de "legislação do trabalho" estendendo-a também às leis comerciais ordinárias que contendem indireta

[154] "Noutros termos, no conceito de «legislação do trabalho» cabem normas que respeitem *directamente* à regulamentação e efectivação de todos os direitos fundamentais reconhecidos aos trabalhadores na Constituição, seja a título de «direitos, liberdades e garantias», seja a título de «direitos económicos, sociais e culturais». Mas já não são abrangidas no conceito constitucional de *legislação do trabalho* aquelas disposições normativas que apenas tutelam *indirecta* ou *reflexamente* os direitos fundamentais dos trabalhadores" (in: 19 ATC (1999), 71-72).

[155] "Com efeito, se é certo que dessa norma [art. 47.º, n.º 3 do Código do Processo de Trabalho] podem resultar determinadas implicações na tramitação processual das acções propostas pelos trabalhadores junto dos órgãos jurisdicionais em ordem à efectivação dos seus direitos — desde logo quanto à forma de processo —, deve porém dizer-se que ela não assume uma *directa* repercussão no quadro nuclear das «relações individuais e colectivas de trabalho», bem como no âmbito «dos direitos dos trabalhadores, enquanto tais, e suas organizações», em termos de ser aqui constitucionalmente exigível a intervenção das organizações dos trabalhadores" (in: 21 ATC (1992), 81-82).

[156] In: 24 ATC (1993), 36-37.

[157] In: 27 ATC (1994), 21-22.

[158] In: 49 ATC (2001), 77-78.

ou reflexamente com as relações de trabalho, *arriscar-se-ia a vaporizar da Ordem Jurídica portuguesa, sob o labéu de um alegado vício formal ou procedimental, inteiros blocos normativos que vigoraram pacificamente durante décadas entre nós,* sem que jamais os particulares, as empresas ou os tribunais se tivessem questionado sobre a sua constitucionalidade. Relembre-se que, apenas para falar do mesmo diploma onde se alberga a norma legal cuja constitucionalidade é questionada (art. 398.º, n.º 2, 1.ª parte, do CSC), são diversos – e possivelmente também relevantes para efeitos de uma "legislação do trabalho" assim hipertrofiadamente concebida – os preceitos do CSC que se referem aos trabalhadores e às relações de trabalho: pense-se, por exemplo, no art. 64.º, n.º 1, b) (que, ao definir os deveres de lealdade, comina aos administradores o dever de atuar "no interesse da sociedade, atendendo aos interesses de longo prazo dos sócios e ponderando os interesses dos outros sujeitos relevantes para a sustentabilidade da sociedade, tais como os seus *trabalhadores*, clientes e credores"), nos arts. 66.º-B e 508.º-G (que obrigam as grandes empresas que sejam entidades de interesse público e com um número médio superior a 500 *trabalhadores* durante o exercício anual, a incluir nas suas contas de exercício uma demonstração não financeira individual ou consolidada, que contenha "as informações bastantes para uma compreensão da evolução, do desempenho, da posição e do impacto das suas atividades, referentes, no mínimo, às questões ambientais, sociais e relativas aos *trabalhadores*"), no art. 101.º, n.º 1 (que, em caso de fusão societária, atribui aos *trabalhadores* o direito de consultarem o projeto de fusão a partir da publicação do seu registo), no art. 119.º, p) (que, em caso de cisão, exige que o projeto de cisão se refira "à atribuição da posição contratual da sociedade ou sociedades intervenientes, decorrente dos *contratos de trabalho celebrados com os seus trabalhadores*, os quais não se extinguem por força da cisão") ou no art. 255.º (que, nas sociedades por quotas, permite que as remunerações dos sócios gerentes sejam objeto de redução judicial "quando forem gravemente desproporcionadas (...) ao *trabalho prestado* (...)"), todos do CSC. Adiante voltaremos a este aspeto.[159]

[159] Cf. *infra* IV – § 4.

§3 DO CARÁTER INOVADOR DA NORMA

1. O Problema

I. O segundo argumento aduzido pelo Tribunal Constitucional nos seus Acórdãos n.º 1018/96 e n.º 626/2011 para sustentar a inconstitucionalidade formal da norma jussocietária em apreço reside no *caráter inovador* da mesma. No essencial, entende aquele Tribunal que o art. 398.º, n.º 2, 1.ª parte, do CSC reveste um caráter inovador em virtude de ter vindo *criar ou estatuir uma nova forma de extinção do contrato de trabalho.*

II. Para fundamentar este entendimento, o Tribunal começou por afirmar que, antes da aprovação do CSC, apesar de não existir uma norma legal que proibisse o cúmulo das funções de administrador e trabalhador de uma mesma sociedade, existia uma *orientação jurisprudencial e doutrinal praticamente uniforme* segundo a qual os contratos de trabalho se consideravam suspensos durante o período da relação de administração, independentemente da sua duração.[160]

III. Por outro lado, o Tribunal sublinhou ainda que a lei laboral em matéria da cessação dos contratos de trabalho, vigente à data da entrada em vigor do CSC (Decreto-Lei n.º 372-A/75, de 16 de julho), consagrava um elenco taxativo de causas de cessação – mútuo acordo das partes, caducidade, despedimento promovido pela entidade patronal com justa causa, despedimento coletivo, e por rescisão do trabalhador –, *elenco esse que não previa ou abrangia a específica causa extintiva* introduzida pelo art. 398.º, n.º 2, 1.ª parte, do CSC (a extinção dos contratos de trabalho "pendentes" com duração inferior a um ano).[161]

IV. Finalmente, e consequentemente, o mesmo Tribunal considerou que, *ao contrário do que sucedia com a suspensão dos contratos de trabalho prevista*

[160] Cf. *supra* III – § 2.1 (III) (ponto 2 do Acórdão). Qualificando também esta orientação jurisprudencial e doutrinal como "praticamente uniforme", vide o Acórdão do TC n.º 259/2001, de 30 de maio (V. Nunes de Almeida), in: 50 ATC (2001), 501-514 e DR II.ª série, n.º 254/2001, de 2 de novembro, 18263-18265 (18265).

[161] Cf. *supra* III – § 2.1 (III) (ponto 4 do Acórdão).

na 2.ª parte da norma em apreço (que se limitara a consagrar na lei uma disciplina que era já acolhida pela jurisprudência e doutrina dominantes), a extinção dos contratos laborais com duração inferior a um ano seria uma causa de cessação nova e com repercussões diretas nas relações de trabalho: nas palavras do Tribunal, "pode dizer-se que a norma em questão veio ao fim e ao resto – na sua vertente de repercussão nos contratos de trabalho celebrados há menos de um ano entre uma sociedade anónima e os seus trabalhadores (ou os das sociedades que se encontram numa relação de domínio ou de grupo com aquela), que foram designados para exercerem funções de administração – a estatuir uma nova causa de extinção, por caducidade, desses negócios jurídicos, causa essa não anteriormente contemplada" e que "tendo a aludida norma, como acima se referiu, aquela repercussão directa e imediata, não se poderá deixar de a considerar como incluível no conceito de legislação do trabalho".[162]

V. Salvo o devido respeito, *discordamos deste entendimento*. E isto, quer ao nível das suas *premissas*, que ao nível das suas *conclusões*, quer ainda ao nível das suas *consequências*. Vejamos porquê.

2. As Premissas

I. Desde logo, é, quanto a nós, muito duvidoso que os juízos de apreciação do caráter inovador de um preceito da lei ordinária, para efeitos do conceito de "legislação do trabalho", possam tomar por base, não o quadro legal preexistente, mas – como o fez o Tribunal Constitucional – a (alegada) *posição da jurisprudência e da doutrina* formulada a respeito de tal quadro legal.

II. Uma tal metodologia, além de contrária ao sistema das fontes do Direito português, arrasta inevitavelmente consigo um risco considerável para a segurança jurídica e a certeza da aplicação do Direito. Com efeito, o conjunto das decisões em que se exprime a orientação adotada pelos tribunais (*jurisprudência*)[163] e o labor científico-dogmático dos juriscon-

[162] Cf. *supra* III – § 2.1 (III) (pontos 3 e 4 do Acórdão).

[163] Sobre a jurisprudência no plano das fontes de direito, vide ANDRADE, Manuel, *Sentido e Valor da Jurisprudência*, in: XLVIII "Boletim da Faculdade de Direito da Universidade de

sultos (*doutrina*)[164] possuem decerto um enorme relevo na interpretação e aplicação do Direito Comercial – *mas não são fonte do Direito Comercial*[165]. Ora, a verdade é que o legislador português anterior ao CSC *não havia, pura e simplesmente, disciplinado a questão do cúmulo administrador/ trabalhador*, não existindo, por conseguinte, nem uma regra geral proibindo ou permitindo tal acumulação de funções no seio das sociedades comerciais, nem muito menos quaisquer regras particulares tendentes a regular as vicissitudes de tal acumulação nos contratos de trabalho num ou noutro sentido[166]. Dessa perspetiva, parece razoável concluir que qualquer juízo a fazer em sede da natureza "inovadora" de uma lei ordinária deve tomar por ponto de referência primacial o quadro legal preexistente à data da sua entrada em vigor – independentemente da resposta, ou falta dela, que o legislador desse à questão sobre a qual versa a nova lei –, e não já os entendimentos que os tribunais e os autores tivessem expendido na mesma matéria, os quais, de resto, por muito autorizados que sejam, nem sempre são convergentes (na substância) nem imutáveis (no tempo).

III. A situação "sub judice" é, de resto, bem ilustrativa dos perigos associados a uma tal metodologia. Como atrás salientámos, o Tribunal Constitucional fez assentar todo o seu raciocínio e decisão na seguinte premissa fundamental: a existência de uma *orientação jurisprudencial e doutrinal praticamente uniforme* em Portugal segundo a qual o cúmulo administrador/trabalhador era admitido, mas os contratos de trabalho se consideravam suspensos durante o período da relação de administração,

Coimbra" (1972), 255-294. As opiniões dos autores dividem-se sobre a sua relevância como fonte de Direito Comercial: num sentido afirmativo, ABREU, J. Coutinho, *Curso de Direito Comercial*, vol. I, 57, 11.ª ed., Almedina, Coimbra, 2018; em sentido negativo, vide CORREIA, L. Brito, *Direito Comercial*, I, 112, AAFDL, Lisboa, 1987/88.

[164] Sobre a doutrina como fonte de direito, vide em geral ASCENSÃO, J. Oliveira, *O Direito – Introdução e Teoria Geral*, 247 e s., 10.ª edição, Almedina, Coimbra, 2001; MACHADO, J. Baptista, *Introdução ao Direito e aos Discurso Legitimador*, 163, Almedina, Coimbra, 1983.

[165] ANTUNES, J. Engrácia, *Direito Comercial*, em curso de publicação.

[166] O citado Acórdão do TC n.º 1018/96 refere-se aos Decretos-Lei n.º 729/74, de 20 de dezembro, e n.º 16/76, de 14 de janeiro (in: 35 ATC (1996), 207-213). A verdade, todavia, é que tais diplomas, aliás posteriormente revogados, tratavam exclusivamente do caso específico dos trabalhadores designados em comissão de serviço público para lugares de administração em empresas públicas, de modo algum instituindo uma regra geral na matéria. Cf. já *supra* II – § 1.2.

independentemente da duração de tais contratos. Ora, a verdade é que, com a devida vénia, *há motivos para duvidar que uma tal visão represente uma leitura ou "reconstituição" fidedigna das posições que a jurisprudência e a doutrina portuguesas anteriores ao CSC de 1986* haviam formulado a respeito de tal questão: bem ao invés, e como logo no início salientámos, a doutrina e a jurisprudência portuguesas encontravam-se bastante *divididas* quanto a tal questão, sem prejuízo naturalmente de, em determinado momento, uma ou outras das correntes em confronto (admissibilidade ou inadmissibilidade do cúmulo) poderem ter colhido mais vozes em seu favor.[167]

IV. Que isto é assim, *é aquilo que é confirmado ... pela própria doutrina e jurisprudência*, que justamente acentuam que "antes da entrada em vigor do CSC, esta questão não tinha consagração legislativa, dividindo a doutrina e jurisprudência" (A. MARQUES SEQUEIRA)[168] ou que "a jurisprudência sobre esta questão revela-se contraditória" (L. BRITO CORREIA)[169]. Para perceber que assim era, bastará atentar na seguinte passagem do Acórdão do STJ de 29-X-1999 (J. ANTÓNIO MESQUITA), a qual reproduzimos aqui na íntegra:

"3 – Antes do Código das Sociedades Comerciais (Decreto-Lei n.º 262/86, de 2 de Setembro) não havia disposição legal expressa sobre o problema, *encontrando-se muito dividida a doutrina e a jurisprudência neste ponto.* Assim:

- RAÚL VENTURA sustentava «a impossibilidade de um indivíduo funcionar simultaneamente como administrador e trabalhador...» («Teoria da Relação Jurídica de Trabalho», 1944, volume I, página 299) – adiantando-se que outra é a posição agora exposta a páginas 35 e seguintes do volume III do seu «Comentário ao Código das Sociedade Comerciais» – Sociedades por Quotas;
- INOCÊNCIO GALVÃO TELLES, entendia, porém, que «... em relação a um administrador pode acontecer e acontece por vezes achar-se investido em funções especiais de natureza executiva, como a de

[167] Sobre os antecedentes históricos do art. 398.º do CSC, vide *supra* II – § 1.2.

[168] *Da Designação de Trabalhador para Membro de Órgão Estatutário da Sociedade Empregadora – Efeitos no Contrato de Trabalho*, 154, in: 46 "Questões Laborais" (2015), 150-176.

[169] *Os Administradores de Sociedades Anónimas*, 585, Almedina, Coimbra, 1993.

director de serviço, que exerce subordinadamente ao Conselho de Administração, com uma remuneração própria, distinta da do administrador, caso em que está também vinculado por contrato de trabalho. Dá-se então como que um desdobramento de papéis: o de administrador, que concorre para a formação do órgão da sociedade, inserindo-se na estrutura desta, e o de prestador de trabalho subordinado da empresa» (O Dir., 104, 1972, página 336);

- Abílio Neto, considera também que «... não constando do nosso direito positivo (...) a expressa proibição de o gerente ou administrador acumular o exercício das suas funções específicas com as de trabalhador subordinado (v.g. director de determinado departamento da empresa), nada obstará, em princípio, à reunião na mesma pessoa dessa dupla qualidade, mormente quando ao desempenho de uma e outra função esteja ligada a percepção de retribuições distintas e haja/uma qualquer subordinação ao órgão de gestão» (in «Direito do Trabalho», Separata B.M.J., 1979, página 167).

4 – O problema tem sido colocado aos tribunais com alguma frequência, *encontrando-se a jurisprudência profundamente dividida*. Assim:

- No sentido da *incompatibilidade*, podem ver-se: os acórdãos do S.T.A. de 18 de Julho de 1950, 10 de Março de 1953, 18 de Outubro de 1950 e 1 de Fevereiro de 1966, respectivamente em Col. Ofic. XII, 199 – XV, 134 – XXII, 956 e Ac. Dout., V, 499 – e os acórdãos do S.T.J. de 15 de Outubro de 1980 – 16 de Dezembro de 1983 – 8 de Outubro de 1990 – 25 de Fevereiro de 1993 e 17 de Fevereiro de 1994, respectivamente, em B.M.J. 300, 228 - 332, 418 - Ac. Dout., 360, 1417 - 378, 716 e Col. Jur. Acórdãos do Supremo Tribunal de Justiça, 1994, I, 293.
- No sentido da *compatibilidade*, os acórdãos do Supremo Tribunal de Justiça, de 4 de Fevereiro de 1972, 23 de Julho de 1982, 8 de Janeiro de 1992, e 19 de Março de 1992, respectivamente, em B.M.J., 214, 210 – 354, 380 Ac. Dout. 252, 612, B.M.J., 413, 360 e 415, 421.

Desta enumeração, algo exaustiva, parece poder apenas concluir-se a uniformidade da jurisprudência do Supremo Tribunal Administrativo (Secção do Trabalho e Previdências), toda anterior a 1966, e um visível equilíbrio na jurisprudência do Supremo Tribunal de Justiça, mesmo depois da entrada em vigor do Código das Sociedades Comerciais, em 1 de Novembro de 1986".[170]

V. *Mas talvez mais ainda.* A dado passo, o Tribunal Constitucional afirma também que o elenco taxativo das causas da cessação dos contratos de trabalho, vigente à data da entrada em vigor do CSC (Decreto-Lei n.º 372-A/75, de 16 de julho), *não abrangia ou acomodava a específica causa extintiva* introduzida pelo art. 398.º, n.º 2, 1.ª parte do CSC: a extinção dos contratos de trabalho com duração inferior a um ano à data da designação do administrador.

Ora, não temos sequer por certo que tal seja assim efetivamente. Na verdade, o art. 8.º, n.º 1, b) do referido diploma legal (antecessor histórico remoto do art. 343.º, b) do atual CT) previa expressamente como causa de caducidade do contrato de trabalho a "impossibilidade superveniente, absoluta e definitiva, de o trabalhador prestar o seu trabalho ou de o empregador o receber". Como vem sendo de há muito sublinhado pela doutrina e jurisprudência juslaboralista, o caráter definitivo e absoluto da impossibilidade de o trabalhador prestar o seu trabalho não se afere em termos puramente naturalísticos mas jurídicos, abrangendo, designadamente, os casos em que a atividade que o trabalhador desempenhava vem a ser proibida por lei ou em que o trabalhador deixa de reunir os requisitos legais exigidos para o desempenho dessa atividade: assim, por exemplo, sempre que um trabalhador deixa de possuir as habilitações ou requisitos legais exigidos para o exercício da sua atividade (v.g., carteira profissional) "o contrato caduca" (art. 117.º, n.º 2 do CT).[171]

Desta perspetiva, é, no mínimo, duvidosa a afirmação perentória segundo a qual a lei laboral então vigente não contemplava a causa extintiva prevista na lei societária, dado que esta última, afinal, preenchia plenamente todos os requisitos da cláusula geral da impossibilidade superveniente prevista no citado art. 8.º,

[170] In: VII CJ/STJ (1999), III, 248-251 (249 e s.).

[171] Sobre a questão, vide AMADO, J. Leal, *O Contrato de Trabalho,* 299, Almedina, Coimbra, 2016; MARTINS, P. Furtado, *A Cessação do Contrato de Trabalho,* 75 e ss., 3.ª edição, Principia, Lisboa, 2012; MARTINEZ, P. Romano, *Direito do Trabalho,* 946 e ss., 8.ª edição, Almedina, Coimbra, 2017; RAMALHO, M. Palma, *Direito do Trabalho,* Parte II ("Situações Laborais Individuais"), 768 e ss., 6.ª edição, Almedina, Coimbra, 2016; XAVIER, B. Lobo, *Manual de Direito do Trabalho,* 740 e s., 3.ª edição, Rei dos Livros, Lisboa, 2018; divergentemente, GOMES, J. Vieira, *Direito do Trabalho,* vol. I, 915 e ss., Coimbra Editora, Coimbra, 2007.

n.º 1, b) do Decreto-Lei n.º 372-A/75. Com efeito, tendo a lei proibido o cúmulo administrador/trabalhador, a designação do trabalhador para a administração social durante o "período suspeito" legalmente fixado originava para aquele uma impossibilidade de caráter superveniente, absoluto e definitivo: *superveniente*, porque decorrente de um evento posterior à celebração do contrato de trabalho, quando este se encontrava em execução; *absoluto*, porque, atenta a presunção inilidível do caráter fraudulento deste contrato, que subjaz ao art. 398.º, n.º 2, 1.ª parte do CSC[172], não poderia jamais ser exigível à sociedade receber a prestação do trabalhador; e *definitivo*, porque, atenta a natureza imperativa e de ordem pública da norma do art. 398.º do CSC[173], a sua celebração sempre originaria a sua nulidade nos termos gerais do art. 280.º, n.º 1 do CCivil e do art. 16.º da LCT (atual art. 124.º do CT).

3. As Conclusões

I. Ainda quando fossem de aceitar as premissas em que o Tribunal Constitucional fez assentar os seus juízos de apreciação do caráter inovatório das leis ordinárias no caso em apreço, a verdade é que não podiam ser aceites as respetivas conclusões que apontam para uma *"inconstitucionalidade seletiva"*, ou meramente parcial, do art. 398.º do CSC. Com efeito, chegou o momento de recordar que aquele Tribunal, ao mesmo tempo que declarou ferido de inconstitucionalidade formal o art. 398.º, n.º 2, 1.ª parte, já declarou constitucional o art. 398.º, n.º 1 (Acórdão do TC n.º 539/2007) e o art. 398.º, n.º 2, 2.ª parte (Acórdão do TC n.º 259/2001). Ora, *a serem aceites as premissas do Tribunal, então o art. 398.º, n.ºs 1 e 2 do CSC no seu conjunto – e não apenas a parte relativa à extinção dos contratos de trabalho com duração inferior a um ano – padeceria de um vício de inconstitucionalidade formal ou procedimental.*

II. Com efeito, como atrás explicamos detidamente, o art. 398.º, n.º 1 do CSC veio introduzir na ordem jurídica portuguesa uma *proibição geral e imperativa de cúmulo do cargo de administrador de uma sociedade anónima com as funções de trabalhador subordinado,* sejam estas exercidas antes, durante ou

172 Sobre tal presunção, vide *supra* II – § 2.3.

173 Sobre tal natureza, vide *supra* II – § 1.5.

depois do início da relação de administração[174]. De acordo com este princípio geral, pois, seriam considerados nulos (art. 294.º do CCivil) os contratos de trabalho celebrados pelo administrador *antes* do início da relação de administração (que se encontrassem vigentes à data da sua designação para o cargo); os contratos de trabalho celebrados pelo administrador *durante* a relação de administração (destinados a vigorar concomitantemente ao exercício do seu cargo); e ainda os contratos de trabalho destinados a vigorar *após* o termo da relação de administração (celebrados durante a vigência desta: v.g., contrato-promessa de trabalho, contrato de trabalho a termo inicial): nas palavras de M. de SANDE TABORDA, "em síntese, o administrador fica impedido de celebrar com a sociedade outros contratos, quer estes se destinem a vigorar simultânea ou sucessivamente, com o contrato de administração, e quer a constituição do vínculo laboral ou de prestação de serviços seja anterior, simultânea ou posterior à sua nomeação como administrador".[175]

Ora, não pode haver dúvidas sobre o regime inovatório introduzido por tal disposição legal. "Primus", porque ela criou uma *disciplina legal expressa e própria* na matéria em apreço, que não existia no quadro legal preexistente: que se tratava de um regime inovador é o que, afinal, é reconhecido implicitamente pelo próprio Tribunal quando este afirma que a posição jurisprudencial e doutrinal então dominante entendia "que nada na lei impedia o desempenho cumulativo de funções como administrador da sociedade e como administrador"[176]. "Secundus", porque tal disposição veio introduzir uma *nova causa de invalidade dos contratos de trabalho* que não se encontrava prevista na legislação laboral: nem os arts. 14.º a 17.º da LCT vigente à data da aprovação do preceito societário, nem posteriormente as normas que lhe vieram suceder (arts. 115.º a 118.º do CT de 2003, arts. 121.º a 125.º do atual

[174] Cf. *supra* II – § 2.

[175] *Análise do Artigo 398.º, n.º 1 do CSC e a Sua Aplicação Analógica às Sociedades por Quotas*, 19, Diss., Lisboa, 2017. Em sentido convergente, entre muitos outros, CORDEIRO, A. Menezes (coord.), *Código das Sociedades Comerciais Anotado*, 1063, 2.ª edição, 1061-1064, Almedina, Coimbra, 2011; GOMES, J. Vieira, *Direito do Trabalho*, vol. I, 170, Coimbra Editora, Coimbra, 2007; MARTINS, A. Soveral, *Artigo 398.º*, 339, in: AAVV, "Código das Sociedades Comerciais em Comentário", vol. VI, 335-350, Almedina, Coimbra, 2013; na jurisprudência, Acórdão do STJ de 11-II-2004 (FERREIRA NETO), in: 516 AD (2004), 1911-1923; Acórdão da RP de 9-IX-2013 (MACHADO DA SILVA), in: www.dgsi.pt (Proc. n.º 319/10.2TTGDM.P1).

[176] Acórdão n.º 1018/96 (in: 35 ATC (1996), 207-213).

CT), contemplavam no elenco das causas de invalidade total ou parcial o caso específico dos contratos concluídos por administradores da sociedade[177]. "Tertius", porque a proibição geral do 398.º, n.º 1 do CSC abrange indistintamente *as relações de trabalho estabelecidas antes, durante ou após o início da relação de administração*. Ao contrário do que é sustentado pelo Tribunal[178], tal proibição também se estende naturalmente aos contratos de trabalho preexistentes referidos no n.º 2 deste preceito, tendo-se este número limitado a prever um regime especial para os seus efeitos que confirma ou mitiga aquele regime geral de invalidade: quanto aos contratos de duração inferior a um ano, a consequência da extinção não submete, afinal, a relação laboral a um regime muito diferente daquele que, na prática, já resultaria do seu n.º 1 (invalidade sem eficácia retroativa: cf. art. 15.º, n.º 1 da LCT, 122.º, n.º 1 do atual CT); apenas quanto aos contratos de duração superior se pode verdadeiramente falar aqui de um regime especial que afasta o regime geral de invalidade, já que aqui, de facto, a validade da relação laboral não é afetada, embora a sua eficácia fique suspensa.

Desta perspetiva, e com o devido respeito, enreda-se o Tribunal Constitucional numa contradição insanável de juízos de constitucionalidade relativos à norma jussocietária em apreço: não é possível sustentar a inconstitucionalidade formal do art. 398.º, n.º 2, 1.ª parte, do CSC com fundamento no carácter inovador deste segmento normativo (Acórdão n.º 1018/96), e, simultaneamente, sustentar a constitucionalidade da própria proibição geral do art. 398.º, n.º 1 do CSC, de que aquele segmento normativo é mero corolário, responsável pela instituição de um regime legal globalmente inovatório.

III. Se bem que porventura de forma menos evidente, algo de semelhante poderá ser dito do próprio *art. 398.º, n.º 2, 2.ª parte, do CSC*, que veio prever a

[177] Não havendo notícia, designadamente, da aplicação do comando geral do art. 116.º da LCT, que cominava a nulidade dos contratos com objeto ou fim contrário à lei ou à ordem pública, ao caso particular de contratos de trabalho celebrados por administradores, seja na jurisprudência (cf. NETO, Abílio, *Código do Trabalho – Notas Práticas*, 109 e ss., 15.ª edição, Ediforum, Lisboa, 1998), seja na doutrina (v.g., CORDEIRO, A. Menezes, *Manual do Direito do Trabalho*, 523, 646 e ss., Almedina, Coimbra, 1991; FERNANDES, A. Monteiro, *Direito do Trabalho*, 188 e ss., 4.ª edição, Almedina, Coimbra, 1981).

[178] Acórdão n.º 539/2007 (in: DR, II.ª série, n.º 243/2007, de 19 de dezembro, 36410-36415 (36414)).

suspensão dos contratos de trabalho de duração superior a um ano. No seu Acórdão n.º 259/2001, o Tribunal Constitucional sustenta também o caráter não inovador deste outro segmento normativo ao afirmar que o legislador societário "mais não fez do que dar o «nomen» a uma situação já legalmente prevista e que a própria jurisprudência aceitara sem discrepâncias"[179]. Mas, quanto a nós, também aqui sem razão. Mesmo descontando os óbices metodológicos já mais atrás referidos – e que levaram, inclusive, aquele Tribunal a qualificar impropriamente a suspensão dos contratos laborais no direito anterior ao CSC como "uma situação já legalmente prevista" (*sic*) –[180], a verdade é que o legislador societário fez bem mais do que simplesmente oficializar ou dar "chancela" legal a uma disciplina jurídica preexistente. "Primus", a lei laboral então vigente consagrava um elenco taxativo de causas de suspensão do contrato de trabalho – motivo respeitante ao trabalhador, encerramento temporário do estabelecimento por facto imputável à entidade patronal, encerramento temporário ou diminuição da laboração por caso fortuito ou de força maior (arts. 73.º a 79.º da LCT) –, do qual não constava tal causa suspensiva em particular[181]. "Secundus", o particular âmbito de aplicação subjetivo e objetivo do regime legal introduzido pelo CSC – seja no sentido da sua ampliação (v.g., abrangendo as sociedades em relação de domínio ou de grupo com a sociedade a que pertence o administrador ou trabalhador, conferindo relevância expressa aos contratos de prestação de serviços nas suas várias modalidades) ou da sua restrição (v.g., não abrangendo as sociedades por quotas) – sempre tornaria inviável falar aqui da mera "receção" de um (alegado) quadro normativo preexistente na matéria.

[179] In: DR II.ª série, n.º 254/2001, de 2 de novembro, 18263-18265 (18265).

[180] Este facto, aliás, não terá passado despercebido até mesmo aos próprios defensores da tese da inconstitucionalidade do art. 398.º, n.º 2, 1.ª parte do CSC. Assim J. Coutinho de Abreu, que, depois de assinalar ter o Tribunal Constitucional decidido não julgar inconstitucional a norma da 2.ª parte deste preceito, relativa à suspensão dos contratos, com fundamento em que tal norma, nas palavras daquele Tribunal, "praticamente em nada inova o sistema que jurisprudencialmente estava assente", se interroga da seguinte maneira: "Estaria mesmo assente – ou bem assente?" (*Administradores e Trabalhadores de Sociedades (Cúmulos e Não)*, 17, in: AAVV, "Temas Societários", 9-21, Almedina, Coimbra, 2006).

[181] Sobre tais causas de suspensão na LCT, vide Cordeiro, A. Menezes, *Manual do Direito do Trabalho*, 765 e ss., Almedina, Coimbra, 1991; Fernandes, A. Monteiro, *Direito do Trabalho*, 278 e ss., 4.ª edição, Almedina, Coimbra, 1981; Xavier, B. Lobo, *Curso de Direito do Trabalho*, 437 e ss., Verbo, Lisboa, 1991.

IV. Em suma, e numa palavra: o argumento relativo ao caráter inovador do art. 398.º, n.º 2, 1.ª parte, do CSC, utilizado pelo Tribunal para fundamentar a sua decisão de inconstitucionalidade, *prova demais*. A ser procedente, então ele deveria conduzir a que todo o art. 398.º, n.º 1 e n.º 2, do CSC – porquanto introduzindo um regime unitário globalmente inovador e sem precedentes no direito laboral pátrio – devesse ser considerado como integrando o conceito de "legislação do trabalho" e, consequentemente, padecer de inconstitucionalidade formal por inobservância dos arts. 54.º, n.º 5, d) e 56.º, n.º 2, a) da CRP. Ora, sabemos que não foi essa a opinião do Tribunal Constitucional, que adotou uma *tese de inconstitucionalidade "seletiva" relativamente ao art. 398.º do CSC*, declarando a desconformidade com a CRP do seu n.º 2, 1.ª parte (Acórdãos n.º 1018/96, de 9 de outubro, n.º 626/2011, de 19 de dezembro) mas já declarando a conformidade do seu n.º 1 (Acórdão n.º 539/2007, de 30 de outubro) e do seu n.º 2, 2.ª parte (Acórdão n.º 259/2001, de 30 de maio).

4. As Consequências

I. Por último, mas não menos relevante, a tese da inconstitucionalidade "seletiva" do regime jussocietário do cúmulo administrador/ trabalhador, sustentada pelo Tribunal Constitucional, revela-se também inaceitável do ponto de vista das suas consequências práticas, *conduzindo a um regime inoperante, fragmentário e inconsistente na matéria.*

II. Em primeiro lugar, a tese da inconstitucionalidade "seletiva" da proibição jusssocietária do cúmulo administrador/ trabalhador *levaria a frustrar inapelavelmente as finalidades de Ordem Pública perseguidas pelo legislador português quando a criou*: prevenir a "prática repugnante" muito difundida em Portugal (para utilizar as palavras do próprio Autor do anteprojeto do CSC, Raúl Ventura) consistente na celebração de contratos de trabalho pelos administradores das sociedades comerciais, pouco tempo antes de assumirem as funções de administração, a fim de contornar as regras imperativas em matéria da natureza temporária dos mandatos dos órgãos sociais e da destituição "ad nutum" dos seus membros, garantindo o seu próprio futuro com as garantias e regalias próprias da condição laboral, à custa dos interesses da sociedade e dos sócios e em manifesta fraude à lei[182]. Expurgada da lei ordinária tal causa de extinção contratual, suprimido é também o "período suspeito" que o legislador instituiu em homenagem à preservação de valores primordiais de qualquer Ordem Jurídica – a começar pelos princípios da ordem pública e da proibição de fraude à lei (valores, aliás, que o próprio Direito do Trabalho não deixou de reconhecer expressamente: cf. art. 124.º do CT) –, bem assim com a presunção legal do caráter fraudulento dos contratos celebrados durante tal período – a única barreira efetiva que impede o regresso, ao mundo das empresas nacionais, da "praga" dos contratos de trabalho puramente fictícios concluídos por administradores sociais.[183]

III. Em segundo lugar, é necessário ter presente que o art. 398.º, n.º 1 e n.º 2, do CSC instituiu um regime unitário de proibição da acumulação do contrato de administração com o exercício de quaisquer outras funções na sociedade, permanentes ou temporárias, laborais ou de prestação de serviços. Ora, a tese da inconstitucionalidade "seletiva", perfilhada nos Acórdãos do Tribunal Constitucional agora em análise, *colocaria em causa o equilíbrio deste regime legal, dando origem a uma disciplina fragmentária incoerente e até conduzindo a resultados práticos inaceitáveis*. Eis alguns exemplos.

IV. Num cenário de expurgação, por inconstitucionalidade formal, do trecho da 1.ª parte do n.º 2 do art. 398.º do CSC, o regime jussocietário *passaria a proibir o menos mas a permitir o mais:* ao passo que os trabalhadores/ /administradores mais "antigos", que possuíssem contratos de trabalho há mais de 1 ano, veriam os seus contratos suspensos (art. 398.º, n.º 2, 2.ª parte), os trabalhadores/administradores mais "novos", com contratos de trabalho de duração inferior (porventura de semanas ou até dias), não se veriam gravados por qualquer vicissitude juslaboral especial diretamente prevista na lei. Os contratos de trabalho com duração inferior a um ano cairiam, assim, numa situação de *"limbo" jurídico* de difícil resolução.

É verdade que sempre se poderia pensar sustentar que tais contratos passariam também a considerar-se *suspensos* durante a vigência da relação de administração: dir-se-ia que, tendo a decisão de inconstitucionalidade

[182] Cf. *supra* II – § 1.4 e 2.3.

[183] Sobre a presunção legal do caráter fraudulento destes contratos, em que justamente assenta a 1.ª parte do n.º 2 do art. 398.º do CSC, vide desenvolvidamente *supra* II – § 2.3 (II).

por efeito a desaplicação retroativa daquele segmento da norma societária no caso concreto e a repristinação do direito revogado (cf. ainda art. 282.º, n.º 1 da CRP)[184], o regime de tais contratos deveria ser encontrado na solução da suspensão que era propugnada pela jurisprudência e doutrina dominantes à data da aprovação do CSC[185]. Uma tal solução – que, sem nunca o referir expressamente, parece ser aquela que se deduz do entendimento do Tribunal Constitucional no conjunto dos Acórdãos que proferiu a respeito do art. 398.º do CSC (Acórdãos n.º 1018/96, 259/2001, 539/2007 e 626/2011) – defronta-se, todavia, com um escolho de monta. É que os efeitos repristinatórios das sentenças de declaração de inconstitucionalidade pressupõem a existência de uma norma legal revogada pela norma declarada inconstitucional, jamais se podendo produzir quando esta norma não tiver revogado qualquer outra norma legal anterior (cf. parte final do art. 282.º, n.º 1 do CRP)[186]: ora, como vimos sobejamente, o direito português pretérito, vigente à data da aprovação do CSC, não previa *nenhuma norma legal na matéria.*[187]

[184] Embora o preceito se refira apenas às sentenças de declaração de inconstitucionalidade com força obrigatória geral, é geralmente admitida a aplicação da sua doutrina em matéria dos efeitos repristinatórios aos casos de fiscalização concreta. Assim o Acórdão do TC n.º 490/89, de 13 de julho (Martins da Fonseca): "É certo que a Constituição apenas prevê expressamente a repristinação como consequência de declaração de inconstitucionalidade com força obrigatória geral (artigo 282.º, n.º 1, "in fine"). Mas não se vê nenhuma razão para diferente conclusão no caso de fiscalização concreta da inconstitucionalidade" (in: 19 ATC (1989), 197-203).

[185] Neste sentido, na doutrina, Abreu, J. Coutinho, *Administradores e Trabalhadores de Sociedades (Cúmulos e Não)*, 16, in: AAVV, "Temas Societários", 9-21, Almedina, Coimbra, 2006; na jurisprudência, Acórdão do STJ de 25-XI-2014 (Gonçalves Rocha): in: 254 CJ/STJ (2014), III, 275-275 (com texto integral in: www.colectaneadejurisprudencia.com).

[186] Trata-se de entendimento partilhado pela doutrina dominante, tal como, ao que julgamos, pela própria jurisprudência do Tribunal Constitucional: cf. Canotilho, J. Gomes, *Direito Constitucional e Teoria da Constituição*, 1004 e s., 5.ª edição, Almedina, Coimbra, 2002; Miranda, Jorge, *Manual de Direito Constitucional*, tomo VI, 254 e ss., Coimbra Editora, Coimbra, 2001; Medeiros, Rui, *A Decisão de Inconstitucionalidade*, 660, UCP Editora, Lisboa, 1999.

[187] Cf. *supra* II – §1.2. Tornam-se aqui patentes, uma vez mais, os riscos de *insegurança jurídica* que atrás assinalámos à metodologia seguida pelo Tribunal Constitucional, nos seus Acórdãos n.º 1018/96 e n.º 626/2011, consistente em não fazer assentar os juízos de apreciação da constitucionalidade do art. 398.º do CSC no *quadro legal preexistente*, substituindo-o antes pela sua perceção acerca da posição que a doutrina e a jurisprudência de então tinham sobre esse mesmo quadro legal.

Daí que, uma vez expurgada (por inconstitucionalidade formal) a sanção específica da extinção para tais contratos laborais preexistentes prevista na primeira parte do n.º 2, e não sendo possível repristinar a sanção prevista da suspensão prevista na segunda parte desse mesmo n.º 2, apenas restaria ao intérprete e ao julgador, no rigor dos termos, virarem-se para o regime geral estabelecido no art. 398.º, n.º 1, o qual, por defeito, sanciona com nulidade os cúmulos funcionais no exercício de cargos de administração (arts. 280.º, n.º 1 e 294.º do CCivil). Chegaríamos, então, a este bizarro resultado: a tese da "inconstitucionalidade seletiva" perfilhada pelo Tribunal Constitucional, ao expurgar da lei societária a solução da extinção dos contratos de trabalhos preexistentes de curta duração com vista a proteger o direito de participação legislativa dos trabalhadores, acabaria por redundar na estatuição de uma solução ainda mais gravosa para estes – a nulidade desses contratos. É caso para dizer que seria "pior a emenda do que o soneto"...

V. Este exemplo – pensámos – é já suficientemente ilustrativo dos desequilíbrios que a tese da inconstitucionalidade "seletiva" ou "parcial", cirurgicamente direcionada apenas para um segmento da norma do art. 398.º, é suscetível de produzir no regime jurídico global por este instituído. Mas outros exemplos poderiam ser aqui dados. Imagine-se o seguinte caso. Um administrador de uma sociedade anónima que, no dia subsequente ao da sua designação para o cargo, celebre um contrato de trabalho com a sociedade, verá tal contrato ferido de invalidade, nenhuns efeitos jurídicos podendo dele retirar (art. 398.º, n.º 1 do CSC); *contudo, se o mesmo administrador tiver celebrado esse contrato de trabalho no dia anterior ao da sua designação, ele já será titular de um contrato válido,* embora suspenso, restando-lhe assim esperar pelo termo do seu mandato de administração para que aquele produza os seus efeitos próprios! Mas o quadro pode ainda ser "mais negro": ante a admissibilidade de órgãos de administração unipessoais (art. 390.º, n.º 2 do CSC) e de convenções de indemnização societária em casos de destituição sem justa causa ("golden parachutes"), o que impediria, afinal, de passarmos a ter sociedades anónimas governadas por um indivíduo (administrador único/trabalhador) que assim "ganharia em dois carrinhos" ou teria o melhor dos dois mundos (comercial e laboral)?

§4 DA PARTICIPAÇÃO DOS TRABALHADORES NA ELABORAÇÃO DE NORMAS JUSCOMERCIAIS

1. O Problema

I. O Tribunal Constitucional fundamentou a sua decisão de inconstitucionalidade formal ou orgânica na *ausência de qualquer menção do preâmbulo do Decreto-Lei n.º 262/86, de 2 de setembro, que aprovou o CSC*, bem assim como em outros elementos disponíveis, à realização de uma audição ou consulta prévia dos organismos representativos dos trabalhadores no processo de confeção do art. 398.º, n.º 2, 1.ª parte, como é exigido pelos arts. 54.º, n.º 5, d) e 56.º, n.º 2, a) da CRP.[188]

II. Assinalámos oportunamente que o direito constitucional de participação dos trabalhadores na elaboração da legislação laboral é, afinal, uma *delicada "peça de relojoaria"* cujo sadio funcionamento teórico e prático depende de um difícil equilíbrio ou conjugação harmónica entre dois vetores em permanente tensão: por um lado, os interesses da participação das organizações representativas dos trabalhadores nas leis do trabalho, com repercussões diretas no estatuto jurídico do trabalhador e na disciplina das relações laborais individuais e coletivas; e, por outro lado, os interesses gerais da eficiência da função legislativa e da segurança jurídica, evitando os riscos (a montante) de paralisia do processo legiferante por sobrecarga procedimental e (a jusante) de destruição retroativa e inopinada de leis ordinárias de outros ramos jurídicos, que possuam ou possam possuir incidências laborais meramente indiretas ou reflexas, porventura após muitos anos de uma vigência imperturbada.[189]

III. Ora, *a verdade é que diariamente topamos com numerosas normas do Direito Comercial que – à semelhança do que sucede com o art. 398.º, n.os 1 e 2 do CSC*

[188] "Sucede, todavia, que não resulta minimamente do preâmbulo do D.L. n.º 262/86 – nem os autos fornecem ao Tribunal quaisquer outros elementos de onde se extraísse contrária conclusão – que, para a respectiva edição e, concretamente, no que se reporta ao que veio a ser consagrado no art. 398.º, n.º 2, do C.S.C., tivesse sido dada aos organismos representativos dos trabalhadores a possibilidade de intervirem, quanto à solução que ali veio a ser adoptada (...)" (in: 35 ATC (1996), 207-213). Cf. *supra* III – § 2.1 (V).

[189] Cf. *supra* IV – § 1.3.

– possuem ou podem possuir incidências indiretas ou reflexas nas relações laborais e relativamente às quais também não existe vestígio, mormente no Preâmbulo do respetivo diploma legal, de ter sido observado o procedimento constitucionalmente previsto de audição, consulta ou intervenção prévia dos organismos representativos dos trabalhadores.

IV. Estarão todas elas, algumas das quais com décadas de vigência, debaixo do risco iminente de virem a ser vaporizadas da Ordem Jurídica por inconstitucionalidade formal?[190]

2. Direito das Sociedades Comerciais

I. Um exemplo apenas retirado do domínio do Direito Comercial na qual se filia sistematicamente a norma legal objeto do presente estudo: o Direito das Sociedades Comerciais.

II. No ordenamento jurídico português anterior à entrada em vigor do CSC, encontrava-se previsto um *direito de participação e representação dos trabalhadores nos órgãos de administração das empresas*: com efeito, os arts. 30.º e 31.º da Lei n.º 46/79, de 12 de junho (relativa às comissões de trabalhadores), consagrava expressamente em favor dos trabalhadores "o direito de eleger, pelo menos, um representante para o respetivo órgão de gestão" designado pela comissão de trabalhadores (art. 31.º, n.º 1), direito esse de caráter obrigatório no caso das empresas do setor empresarial público (arts. 30.º e 31.º, n.º 1) e de caráter dispositivo nas empresas do setor privado (arts. 30.º, n.ºs 3 e 4).[191]

[190] Sabemos bem que os pronunciamentos do Tribunal Constitucional, relativamente à norma em apreço, têm ocorrido no âmbito de processos de fiscalização concreta da constitucionalidade. Mas tal não prejudica – julgamos nós – a pertinência da questão formulada, que tão somente pretende evidenciar os riscos de insegurança jurídica que uma leitura maximalista dos preceitos constitucionais pode provocar ao nível da aplicação das leis comerciais ordinárias.

[191] Correia, L. Brito, *A Lei sobre as Comissões de Trabalhadores*, in: 40 "Revista da Ordem dos Advogados" (1980), 443-467. Recorde-se ainda que o Decreto-Lei n.º 260/76, de 8 de abril, consagrava também em favor dos trabalhadores das empresas públicas o direito de exigir que os estatutos destas previssem "formas adequadas de intervenção dos trabalhadores no

III. Ora, tal direito – que representava o gérmen de um eventual sistema de coparticipação dos trabalhadores na gestão das empresas, então em plena moda, que impressionava deveras a retina de muitos juristas dentro e fora de Portugal[192] – *viria a ser esvaziado tacitamente em consequência da entrada em vigor do CSC*, cujos modelos legais de governação societária não consagraram qualquer direito de participação ou representação semelhante nos órgãos das sociedades comerciais, sejam estas do setor público ou do setor privado: com efeito, os modelos de administração e de fiscalização das sociedades anónimas, consagrados no art. 278.º do CSC, são de natureza imperativa e não contemplam a possibilidade de os trabalhadores, ou seus organismos representativos, terem assento no Conselho de Administração, quer das sociedades de modelo tradicional, quer das sociedades de modelo germânico ou anglo-saxónico (assim como, de resto, em qualquer dos demais órgãos sociais, "maxime", Conselho Geral e de Supervisão nas sociedades de modelo germânico)[193]. Tudo o que o CSC previu foi uma singela referência aos "interesses dos trabalhadores" no âmbito dos deveres funcionais dos administradores e gerentes das sociedades comerciais, os quais devem gerir a sociedade de acordo com os interesses primordiais da sociedade e dos sócios ("shareholders"), mas tomando ainda em consideração os interesses de outras partes interessadas na vida e no futuro da empresa societária ("stakeholders"), "tais como os seus trabalhadores, clientes e credores" (art. 64.º, n.º 1, b), parte final, do CSC).[194]

desenvolvimento e contrôle da actividade da empresa" (art. 6.º), além de consagrar expressamente um direito de audição prévia dos trabalhadores em matéria de nomeação dos membros do Conselho de Gerência destas empresas (art. 9.º, n.º 4) e um direito a integrar o seu Conselho Geral (art. 8.º, n.º 1) e a sua Comissão de Fiscalização (art. 10.º, n.º 5).

[192] SERENS, M. Nogueira, *"Co-Gestão" – Que Futuro?*, Coimbra, 1980.

[193] Repare-se que isto não é prejudicado, em nosso entender, pelas disposições que os CT de 2003 e 2009 continuaram a prever em sede do designado direito ao *"controlo de gestão da empresa"* (v.g., art. 423.º, n.º 1, b) do atual CT). Com efeito, nem o CSC para as sociedades comerciais do setor privado, nem o RSPE para as sociedades comerciais do setor empresarial público (que se regem subsidiariamente pelo direito societário comum: cf. art. 14.º, n.º 1 do Decreto-Lei n.º 133/2013, de 3 de outubro), permitem acomodar um direito de designação de representantes dos trabalhadores para os seus órgãos sociais (o qual subsiste apenas, residualmente, para as entidades públicas empresariais, nos termos dos arts. 56.º e segs. do RSPE e do art. 423.º, n.º 1, f) do CT).

[194] De resto, não falta doutrina que contesta o préstimo prático da complexa disposição do art. 64.º, n.º 1, b), do CSC: é o caso de J. COUTINHO DE ABREU, para quem ela é simplesmente a

IV. A diferença entre o sistema legal anterior e posterior ao CSC é, pois, muito significativa: *uma coisa é os trabalhadores terem representantes próprios no órgão de administração da sociedade*, tendo nele assento lado a lado com os demais administradores nomeados pelos acionistas e aí protagonizando diretamente a prossecução dos seus próprios interesses laborais; *outra, bem diferente, é confiar que esses interesses serão tidos em conta pelos administradores* (os quais, de resto, os terão de valorar em pé de igualdade com os interesses de clientes, credores e outros terceiros), de fora do órgão e sem qualquer possibilidade de controlar tal resultado[195]. Neste contexto, é legítima a seguinte pergunta: não havendo qualquer indício, no Preâmbulo do CSC ou alhures, que as associações sindicais e as comissões de trabalhadores hajam sido auscultadas em matéria dos modelos legais de administração das sociedades anónimas (art. 278.º do CSC) ou que tenham tido a possibilidade de intervir na feitura das normas relativas à composição e designação dos respetivos membros (arts. 390.º e segs. do CSC), significará isso dizer que tais normas se deverão também considerar inquinadas por um vício de forma ou de procedimento, conducente à sua inconstitucionalidade formal por violação dos arts. 54.º, n.º 5, b) e d) e 56.º, n.º 2, a) da CRP?[196]

"expressão de retórica normativa balofa e potencialmente desresponsabilizadora dos administradores" (*Curso de Direito Comercial*, vol. II, 273, 5.ª edição, Almedina, Coimbra, 2015). Sobre a questão, que agora deixamos de lado, ANTUNES, J. Engrácia, *Direito das Sociedades*, 338 e ss., 8.ª edição, Porto, 2018.

[195] Discordamos, pois, da opinião daqueles que pretendem ver no art. 64.º do CSC uma manifestação do controlo de gestão da empresa atribuído às comissões de trabalhadores (MARTINEZ, P. Romano, *Direito do Trabalho*, 1074, 8.ª edição, Almedina, Coimbra, 2017). Sobre este esvaziamento do comando constitucional do art. 54.º, n.º 5, b) da CRP, mesmo no setor das empresas públicas, vide QUENTAL, Miguel, *A Participação dos Trabalhadores nos Órgãos Sociais das Empresas Pertencentes ao Estado ou a outras Entidades Públicas – A Cogestão no Sector Público*, in: "I Congresso Internacional de Ciências Jurídico-Empresariais", 226-267, IPL, 2012.

[196] Os exemplos, contudo, "são como cerejas". Recorde-se que, não se tendo o legislador português pronunciado sobre a natureza jurídica da própria relação de administração, não falta doutrina e jurisprudência que a configura como um *contrato de trabalho* (com matizes, vide CORREIA, L. Brito, *Os Administradores de Sociedades Anónimas*, 520 e ss., Almedina, Coimbra, 1993; DUARTE, I. Rodrigues, *A Administração das Sociedades por Quotas e Anónimas*, 290 e ss., Petrony, Lisboa, 1990; OLIVEIRA, A. Sarmento, *O Contrato de Administração – Sua Natureza e Possibilidade de Cumulação com um Contrato de Trabalho*, 188 e ss., in: 5 "Revista de Ciências Empresariais e Jurídicas" (2005), 183-206). Ora, para quem assim pense (o que, advirta-se,

3. Direito da Insolvência

I. O art. 17.º-H, n.º 2, do CIRE veio estabelecer uma *subordinação dos trabalhadores no concurso de créditos em sede de processos especiais de revitalização de empresa*: nos termos deste preceito, "os credores que, no decurso do processo, financiem a atividade da empresa disponibilizando-lhe capital para a sua revitalização gozam de privilégio creditório mobiliário geral, graduado antes do privilégio creditório mobiliário geral concedido aos trabalhadores."[197]

II. Tal preceito veio introduzir um regime inovador em *matéria das garantias dos créditos dos trabalhadores*, relativamente ao quadro legal preexistente (art. 333.º do CT). Até à entrada em vigor da Lei n.º 16/2012, de 20 de abril, que introduziu o citado preceito, os trabalhadores gozavam de uma *posição de supremacia* no quadro do concurso de créditos privilegiados sobre os bens móveis da empresa devedora mesmo em situação de crise empresarial: com efeito, por força do art. 333.º, n.º 1, a) e n.º 2, a) do CT, os créditos do trabalhador emergentes de contrato de trabalho ou da sua violação ou cessação gozam de um privilégio creditório mobiliário geral que tem precedência sobre todos os demais, com exceção apenas dos privilégios por despesas de justiça (arts. 746.º e 747.º do CCivil) e dos direitos reais de terceiros (art. 749.º do CCivil)[198]. Com o novo preceito, os créditos de que sejam titulares as pessoas singulares ou coletivas que financiem a atividade da empresa em crise, no âmbito de um processo de revitalização, passam à frente dos créditos laborais: ou seja, os trabalhadores apenas poderão ver os seus

não é o nosso caso), seria também possível perguntar, provocativamente, se todas as disposições relativas ao estatuto jurídico do administrador com caráter inovador (e são numerosas: em sede de formação, direitos e deveres, cessação, v.g.) não seriam elegíveis para efeitos do direito constitucional de participação na feitura da "legislação do trabalho".

[197] Sobre o regime deste preceito legal, vide Epifânio, M. Rosário, *O Processo Especial de Revitalização*, 89 e ss., Almedina, Coimbra, 2015; Silva, F. Reis, *Processo Especial de Revitalização – Notas Práticas e Jurisprudência Recente*, 75 e ss., Porto Editora, Porto, 2014.

[198] Sobre os privilégios creditórios dos trabalhadores, Martinez, P. Romano, *Direito do Trabalho*, 635 e ss., 8.ª edição, Almedina, Coimbra, 2017. Sobre o concurso e graduação dos privilégios creditórios mobiliários gerais, vide Costa, Salvador da, *O Concurso de Credores*, 246 e ss., 5.ª edição, Almedina, Coimbra, 2015.

créditos laborais satisfeitos à custa dos bens móveis do empregador se e quando algo restar após terem sido pagos aqueles credores financeiros.[199]

III. Trata-se, assim, de uma lei insolvencial que possui incidências ou repercussões no estatuto jurídico retributivo e garantístico dos trabalhadores das empresas em dificuldades. Todavia, não existe notícia de os organismos representativos dos trabalhadores terem sido consultados ou ouvidos a respeito desta norma, nem no âmbito da Lei n.º 16/2012, nem no da proposta legislativa que lhe esteve na base (Proposta de Lei n.º 39/XII, de 30/12/2011).[200]

4. Direito Bancário

I. O Regime Geral das Instituições de Crédito e Sociedades Financeiras, nas disposições que disciplinam as operações de recapitalização interna ("bail-in") das instituições de crédito em crise, atribui ao Banco de Portugal o *poder de reduzir o valor nominal ou converter em aumento de capital os créditos dos seus trabalhadores relativos à componente variável da respetiva remuneração*, em determinadas circunstâncias (art. 145.º-U, n.os 1, 2, 5 e 6, e) do referido diploma legal).[201]

[199] Mais ainda: dado que, segundo alguns, os financiadores não têm sequer de ser credores da empresa à data do processo de revitalização, bastando que se disponham a trazer capital à empresa em revitalização (Casanova, N. Salazar/ Dinis, D. Sequeira, *PER – Processo Especial de Revitalização (Comentários aos Arts. 17.º-A a 17.º-I do CIRE)*, 183, Coimbra Editora, Coimbra), então o que a nova lei veio dizer, trocado por miúdos, foi que o crédito de uma entidade financeira ou de um investidor de capital de risco passa à frente do crédito dos trabalhadores.

[200] Outro exemplo, no mesmo comprimento de onda, é o art. 12.º, n.º 5 do "Regime Extrajudicial de Recuperação de Empresas", aprovado pela Lei n.º 8/2018, de 2 de março, que prevê uma subordinação semelhante na graduação dos créditos laborais: "O custo decorrente do fornecimento de serviços essenciais a prestar ao abrigo do n.º 1 que não seja pago pelo devedor constitui dívida da massa insolvente caso o devedor seja declarado insolvente no prazo de dois anos após o depósito do protocolo de negociação e, nos demais casos, beneficia de privilégio creditório mobiliário geral, *graduado antes do privilégio creditório mobiliário geral concedido aos trabalhadores*" (itálicos nossos).

[201] Sobre a resolução bancária em geral, vide Antunes, J. Engrácia, *A Resolução Bancária*, in: LXVI "Scientia Iuridica" (2017), n.º 345, 457-481.

II. Tal preceito veio introduzir um regime inovador relativamente ao direito à *retribuição dos trabalhadores* (arts. 258 e ss. do CT), que abrange igualmente as retribuições variáveis e mistas (art. 261.º, n.º 1 do CT), relativamente ao quadro legal preexistente. Com efeito, nem na Lei n.º 23-A/2015, de 26 de março (que aditou tal preceito), nem nas anteriores leis relativas à resolução bancária em geral ("maxime", o Decreto-Lei n.º 31-A/2012, de 10 de fevereiro), existe notícia de os organismos representativos dos trabalhadores das instituições de crédito terem sido previamente auscultados sobre tal poder das autoridades de supervisão e resolução bancárias relativo às suas retribuições.[202]

5. Outros

I. O "Código do Direito de Autor e dos Direitos Conexos" de 1985 estabelece um regime próprio em matéria de direitos e deveres dos *trabalhadores "autores, artistas ou intérpretes"* (arts. 14.º e ss.) e o "Código da Propriedade Industrial" de 1995 e de 2003 fazem algo de semelhante relativamente ao *trabalhador "inventor"* (arts. 59.º e s.): em termos muitos genéricos, o legislador visou conferir o devido relevo jurídico à distinção entre "labor" e "opus", regulando as especificidades da titularidade do resultado da atividade laboral (v.g., direitos pessoais e patrimoniais, direito de exclusivo, remunerações especiais)[203]. Também não resulta dos Preâmbulos respetivos que tivesse sido observada a seu respeito a diligência participativa imposta pelos arts. 54.º, n.º 5, d) e 56.º, n.º 2, a) da CRP. Ora, se bem que os pretéritos "Código do Direito de Autor" de 1966 (arts. 8.º e 179.º) e o "Código da Propriedade Industrial" de 1940 (art. 9.º) já contemplassem idêntica questão, será que as soluções consagradas

[202] É certo que a consagração do mecanismo de "bail-in" e a atribuição dos referidos poderes ao Banco de Portugal, através da Lei n.º 23-A/2015, de 26 de março, deu cumprimento ao imperativo de transposição para o direito nacional dos "instrumentos de resolução" elencados no art. 37.º da Diretiva 2014/59/UE, de 15 de maio, vulgarmente conhecida por "Diretiva da Recuperação e Resolução Bancária".

[203] Rocha, M. Victória, *A Titularidade das Criações Intelectuais na Relação de Trabalho,* in: AAVV, "Nos 20 Anos do Código das Sociedades Comerciais", vol. I, 167-199, Coimbra Editora, Coimbra, 2007.

pelos novos Códigos não contêm inovações substantivas com reflexos laborais?

II. O Código dos Valores Mobiliários, relativo às ofertas públicas de aquisição, determina que o oferente e visada devem *prestar informação relativa às repercussões da oferta no futuro da empresa visada e dos interesses dos seus trabalhadores*: do prospeto da oferta devem constar "as intenções do oferente quanto à continuidade ou modificação da atividade empresarial da sociedade visada (...) e quanto à manutenção e condições do emprego dos trabalhadores (...) das entidades referidas, designadamente eventuais repercussões sobre os locais em que são exercidas as atividades" (art. 138.º, n.º 1, g)); o relatório da visada deve opinar sobre "as repercussões da oferta nos interesses da sociedade visada, em geral, e, em particular, nos interesses do seus trabalhadores e nas suas condições de trabalho e nos locais em que a sociedade exerça a sua atividade" (art. 181.º, n.º 2, c)); e os trabalhadores, diretamente ou através dos seus representantes, podem emitir um parecer não vinculativo "quanto às repercussões da oferta a nível do emprego" (art. 181.º, n.º 4, todos do CVM)[204]. Tais exigências foram introduzidas através do Decreto-Lei n.º 219/2006, de 2 de novembro, não se encontrando anteriormente previstas naquele Código[205], nem resultando também do respetivo Preâmbulo que tenham sido objeto de qualquer auscultação prévia dos organismos representativos dos trabalhadores. Ora, sendo consabidas as desventuras sofridas pelo pessoal (especialmente dirigente) das empresas visadas por OPAs hostis, bem como a posição de subalternidade com que alguma doutrina perspetiva os seus interesses no âmbito destas[206], não deveriam tais exigências inovadoras – na mesma linha de considerações

[204] Câmara, Paulo, *Manual do Direito dos Valores Mobiliários,* 591 e ss., espec. 609 e s., 3.ª edição, Almedina, Coimbra, 2016; Soares, António/ Pinto, R. Oliveira, *Os Deveres do Órgão de Administração da Sociedade Visada na Pendência de uma Oferta Pública de Aquisição,* 867 e s., in: "Estudos em Homenagem ao Prof. Doutor Carlos Ferreira de Almeida", 861-877, Almedina, Coimbra, 2011.

[205] Tudo o que era até então previsto era apenas o dever da própria sociedade visada (e não do oferente) informar os trabalhadores sobre o conteúdo dos documentos da oferta (donde não era obrigatório constarem tais intenções do oferente) (art. 181.º, n.º 2, c) do CVM na versão então em vigor).

[206] Vaz, J. Cunha, *As OPA na União Europeia Face ao Novo Código dos Valores Mobiliários,* 33 e s., Almedina, Coimbra, 2000.

que criticámos – ter passado pelo crivo procedimental previsto na CRP em favor daqueles organismos?[207]

III. No domínio das empresas públicas, o "Estatuto do Gestor Público" (Decreto-Lei n.º 71/2007, de 27 de março) contém uma *proibição de cúmulo gestor/trabalhador semelhante à prevista na lei societária para as empresas privadas em geral*: nos termos do seu art. 22.º, n.º 6, "os gestores públicos não podem celebrar, durante o exercício dos respetivos mandatos, quaisquer contratos de trabalho ou de prestação de serviços com as empresas mencionadas nos n.os 2 a 4 que devam vigorar após a cessação das suas funções". Será que tal disposição legal – caso não tenha sido também precedida da auscultação prévia dos representantes dos trabalhadores na sua elaboração – também estará no "ponto de mira" do preceito constitucional? Imagine-se o caso de um gestor público que, durante o respetivo mandato, celebra um contrato de trabalho com a própria empresa pública ou com empresa privada concorrente sujeito a termo inicial: significa isto que, uma vez cessado o seu mandato, poderá o gestor público arrogar-se da validade do contrato de trabalho celebrado escudando-se numa pretensa inconstitucionalidade procedimental do citado art. 22.º, n.º 6?[208]

IV. E a lista poderia continuar a talante.

V. Não é possível (nem tal seria jamais a nossa intenção, por despropositada) proceder aqui a um levantamento exaustivo de normas jurídico-comerciais que, possuindo incidências laborais indiretas ou reflexas, presumivelmente não passariam pelo crivo de uma leitura maximalista do

[207] Tanto mais que aqueles preceitos do CVM encerram uma contradição lógica que retira sentido útil à tutela dos trabalhadores: dado que as intenções do oferente quanto ao futuro da vida laboral da empresa visada apenas serão tornadas públicas com a publicação do prospeto da oferta, e os trabalhadores devem emitir o seu (facultativo e meramente consultivo) parecer em momento anterior (relatório da visada, ao qual é apenso), então isso significa que os trabalhadores se vão pronunciar sobre algo que ... ainda desconhecem.

[208] O quadro complica-se ainda mais se se tiver em conta o regime das incompatibilidades no seu todo: pense-se no caso de um trabalhador de empresa privada que, entretanto, foi nomeado gestor público com funções executivas em empresa pública (art. 20.º, n.º 2) ou de um trabalhador de uma empresa pública que foi nomeado gestor público com funções não executivas na mesma empresa (art. 22.º, n.º 2, ambos do "Estatuto do Gestor Público").

direito constitucional de participação dos organismos representativos dos trabalhadores, justamente por falta de audição ou consulta prévia destes. Nem sequer pretendemos antecipar e ainda menos afirmar (por falta de todos os elementos de informação necessários[209], mas também, sobretudo, por elementar humildade intelectual) que, relativamente a todas e cada uma delas, o Tribunal Constitucional viesse a fazer um juízo negativo em sede de fiscalização concreta.

O que tão somente pretendemos – por mero dever de ofício – é advertir para *o significativo risco de insegurança jurídica que, em plena era de "poluição legislativa", é ínsito a leituras maximalistas do conceito de "legislação laboral"*: à uma, porque pode incentivar o recurso à fiscalização concreta da constitucionalidade de normas legais pertencentes a ramos jurídicos estranhos ao Direito do Trabalho como um mero expediente para, com fundamento numa remota ou indireta incidência laboral daquelas normas, os destinatários da lei tentarem escapar aos rigores do direito positivo vigente; à outra, porque pode conduzir a uma extirpação errática, casuística e "à la carte" da Ordem Jurídica de uma multidão de normas legais, ou fragmentos delas, porventura anos ou até décadas após a sua aprovação e relativamente às quais jamais algum operador empresarial, laboral ou judiciário tivesse sequer manifestado a mais leve dúvida sobre a sua constitucionalidade ou legalidade.

§5 OUTROS SUBSÍDIOS INTERPRETATIVOS

1. Os Direitos Fundamentais e seus Limites

I. O direito de participação das comissões de trabalhadores e das associações sindicais na elaboração da legislação do trabalho, previsto nos arts. 54.º, n.º 5, d) e 56.º, n.º 2, a) da CRP, é um *direito fundamental* dos organismos representativos dos trabalhadores.

[209] Tendo especialmente em conta que a ausência de referência no Preâmbulo de um diploma legal à audição das comissões de trabalhadores e associações sindicais constitui uma mera presunção relativa da inobservância do direito de participação, a qual poderá ser ilidida mediante outros meios de prova associados à génese histórica daqueles diploma (cf. Acórdão do TC n.º 124/93, de 19 de janeiro (Alves Correia), in: 24 ATC (1993), 3-5).

II. Todavia, esse direito de participação – tal como sucede com qualquer outro direito fundamental consignado na Constituição – *não é um direito absoluto*, encontrando-se a respetiva esfera de proteção jurídico-constitucional delimitada em, pelo menos, três sentidos[210]. Por um lado, sendo essa esfera de proteção determinada em função do próprio bem ou valor que lhe está subjacente, devem considerar-se excluídas aquelas formas de exercício que extravasem do seu âmbito de aplicação normativo ou até exorbitem o respetivo "conteúdo natural" ou "essencial" (*limites imanentes*). Por outro lado, em virtude da sua integração e interatividade no quadro geral das normas e valores jurídico-constitucionais que enformam o próprio sistema constitucional "in toto", aquele direito poderá ainda sofrer as limitações que decorram da necessidade da sua harmonização com a esfera de outros direitos ou princípios de idêntica dignidade previstos na CRP com os quais se encontre em conflito e na observância dos parâmetros da necessidade e proporcionalidade das compressões por aquela impostos (*colisão ou conflito de direitos*). Finalmente, como sucede com quaisquer outros direitos fundamentais específicos, a interpretação e a aplicação de tal direito devem ser realizadas no quadro dos princípios estruturantes ou constitucionais sobre os direitos fundamentais, v.g., universalidade, igualdade, proporcionalidade, proteção da confiança (*regime comum dos direitos fundamentais*).[211]

III. Tal direito é, desde logo, balizado pelos *limites "imanentes"* do próprio direito, que decorrem do seu próprio objeto e conteúdo tal como estabelecidos na letra e no espírito dos arts. 54.º, n.º 5, d) e 56.º, n.º 2, a) da CRP.

[210] Assim também, para o caso particular dos direitos fundamentais dos trabalhadores, J. João Abrantes: "A eficácia destes direitos não pode, na verdade, conduzir ao seu *"totalitarismo"*: eles não têm caráter absoluto nem ilimitado, devendo, antes, respeitar os limites estabelecidos na Constituição e compaginar-se com os outros bens ou princípios por ela, direta ou indiretamente, garantidos" (*Contrato de Trabalho e Direitos Fundamentais*, 172, Coimbra Editora, Coimbra, 2005).

[211] Sobre tais limitações (sem prejuízo das flutuações terminológicas e classificatórias), vide em geral Alexandrino, J. Melo, *Direitos Fundamentais*, 117 e ss., 2.ª edição, Principia, Cascais, 2011; Andrade, J. Vieira, *Os Direitos Fundamentais na Constituição Portuguesa de 1976*, 263 e ss., 5.ª edição, Almedina, Coimbra, 2017; Canotilho, J. Gomes, *Direito Constitucional e Teoria da Constituição*, 435 e ss., 1251 e ss., 5.ª edição, Almedina, Coimbra, 2002; Miranda, Jorge, *Direitos Fundamentais*, 378 e ss., 2.ª edição, Almedina, Coimbra, 2017; Vaz, M. Afonso, *Lei e Reserva da Lei – A Causa da Lei na Constituição Portuguesa de 1976*, 315 e ss., UCP, Porto, 1992.

Vimos desenvolvidamente atrás que, tal como a sua própria designação logo inculca ("participação na elaboração da legislação do trabalho"), o âmbito de tal direito fundamental respeita apenas às leis ordinárias do Direito do Trabalho, com exclusão das leis atinentes a outros ramos ou divisões da Ordem Jurídica; tal como vimos que, mesmo no quadro de uma interpretação ampla do conceito de Direito do Trabalho, como é aquela que tem prevalecido na jurisprudência constitucional, o direito de participação apenas poderá ser estendido àquelas leis não laborais que possuam uma conexão direta, outrossim que um caráter inovador, com matérias laborais. Tais limites imanentes do direito previsto nos arts. 54.º, n.º 5, d) e 56.º, n.º 2, a) da CRP seriam assim logo suficientes, em nosso entender, para nos pronunciarmos pela constitucionalidade das leis ordinárias comerciais que, como sucede com o art. 398.º, n.º 2, 1.ª parte do CSC, possuem incidências laborais meramente reflexas ou indiretas, não integram o conceito de "legislação laboral" e, por conseguinte, exorbitam dos limites fixados pelo "conteúdo natural"[212] ou "esfera normativa"[213] do citado direito fundamental de participação.

IV. *A verdade, porém, é que a bondade de uma tal conclusão se afigura também de algum modo confirmada pelas compressões decorrentes, quer da potencial colisão de tal direito com outros direitos fundamentais consagrados na Lei Fundamental – designadamente, o direito de livre iniciativa económica (art. 61.º, n.º 1 da CRP) –, quer dos próprios princípios estruturantes do regime comum dos direitos fundamentais – designadamente, o princípio da proteção da confiança, da segurança e da boa fé.* É que aquele direito de participação, antes que configurar-se aprioristicamente como valor constitucional supremo e irrestrito, deve-se harmonizar com os restantes bens e valores consagrados no sistema constitucional português, sofrendo as consequentes restrições, sempre que a respetiva esfera de proteção constitucional intersete parcialmente ou colida frontalmente com a esfera de um outro direito ou princípio de idêntica dignidade: posto que estas situações de *colisão ou conflito de direitos* não podem ser resolvidas mediante o recurso a uma pressuposta ordem hierárquica ou de primazia

[212] VAZ, M. Afonso, *Lei e Reserva da Lei – A Causa da Lei na Constituição Portuguesa de 1976*, 317, UCP, Porto, 1992.

[213] ANDRADE, J. Vieira, *Os Direitos Fundamentais na Constituição Portuguesa de 1976*, 272, 5.ª edição, Almedina, Coimbra, 2017.

entre os valores em confronto, a sua solução passará necessariamente pela respetiva harmonização no quadro da unidade da Constituição (princípio da concordância prática), observando os parâmetros da exigibilidade das compressões impostas a qualquer deles (isto é, garantindo que o sacrifício de um deles seja necessário à salvaguarda do outro) e da proporcionalidade na repartição dessas mesmas compressões (isto é, ponderando a intensidade da compressão concretamente infligida a qualquer dos interesses conflituantes).[214]

2. Princípio da Liberdade de Iniciativa Económica

I. O princípio da liberdade de iniciativa económica encontra-se previsto no art. 61.º, n.º 1 da CRP: "A iniciativa económica privada exerce-se livremente nos quadros definidos pela Constituição e pela lei e tendo em conta o interesse geral".[215]

II. Corolário deste direito fundamental é o direito *à liberdade de organização e gestão da empresa* – por vezes apelidado mesmo de "fulcro"[216] ou "princípio energético"[217] da liberdade de iniciativa económica privada[218] –, concebido como o direito dos sujeitos jurídico-privados de estruturarem e organizarem livremente o modo de exploração das atividades económicas através da combinação diversa dos fatores produtivos.

214 Sobre a colisão ou conflito de direitos fundamentais, vide ANDRADE, J. Vieira, *Os Direitos Fundamentais na Constituição Portuguesa de 1976*, 298 e ss., 5.ª edição, Almedina, Coimbra, 2017; ALEXANDRINO, J. Melo, *Direitos Fundamentais*, 126 e ss., 2.ª edição, Principia, Cascais, 2011; MIRANDA, Jorge, *Direitos Fundamentais*, 384 e ss., 2.ª edição, Almedina, Coimbra, 2017.

215 Sobre a liberdade de iniciativa económica privada, vide ABREU, J. Coutinho, *Limites Constitucionais à Iniciativa Económica Privada*, in: "Estudos em Homenagem ao Prof. Doutor A. Ferrer Correia", vol. III, 411-425, Número Especial do BFDUC, Coimbra, 1991; FRANCO, A. Sousa, *Nota Sobre o Princípio da Liberdade Económica*, Separata do BMJ, Lisboa, 1986.

216 VAZ, M. Afonso, *Direito Económico – A Ordem Económica Portuguesa*, 4.ª edição, 165, Coimbra Editora, Coimbra, 1998.

217 MENDES, Evaristo, *Modelo Económico Constitucional e Direito Comercial*, 169, in: "Estudos em Memória do Prof. Doutor Paulo Sendim", 167-251, UC Editora, Lisboa, 2012.

218 Se é que não constituem hoje mesmo expressões equivalentes: nesse sentido AMORIM, J. Pacheco, *A Liberdade da Empresa*, 860, in: AAVV, "Nos 20 Anos do Código das Sociedades Comerciais", vol. II, 849-929, Coimbra Editora, Coimbra, 2007.

III. As sociedades comerciais, e a *sociedade anónima* em particular, constituem o protótipo da empresa moderna, representando indubitavelmente a principal forma jurídica de organização e gestão das empresas dos nossos dias. O sucesso de tal forma jurídico-organizativa empresarial é devido, entre outras razões, à segurança jurídica e à eficiência económica dos modelos legais da sua governação, assentes em princípios gerais e imperativos relativos à autonomia dos seus órgãos de administração, à independência dos respetivos titulares e à proibição de conflitos de interesses que possam prejudicar o interesse da sociedade e dos seus sócios.[219]

IV. Ora, *é justamente esse o sentido geral que preside à disciplina legal do art. 398.º, n.os 1 e 2 do CSC*: a proibição do cúmulo administrador/ trabalhador, aí prevista, visa prevenir os conflitos de interesses dos titulares dos órgãos de administração social, preservar o seu estatuto de autonomia, e, em última análise, assegurar a integridade do modelo legal de governo e funcionamento societário[220]. Atenta a natureza formal e materialmente comercial daquela norma do CSC, e o consequente cariz incidental, indireto e reflexo das respetivas incidências laborais[221], não se poderá justificar, pois, uma compressão do direito de auscultação prévia dos organismos representativos dos trabalhadores?

V. Trata-se de uma questão difícil, a ponderar pelo Tribunal Constitucional: como salienta J. João Abrantes, é "a questão das limitações recíprocas entre duas realidades – liberdade de empresa e direitos fundamentais – frequentemente situadas em órbita de colisão".[222]

Por uma banda, sempre se poderia questionar se a exclusão de um tal direito de audição ou auscultação relativamente a incompatibilidades jussocietárias com reflexos laborais não configuraria um sacrifício excessivo ou desproporcional daquele direito fundamental, senão mesmo atingindo o seu conteúdo essencial: dada a reduzida gama de alternativas de concretização do princípio da harmonização ou concordância prática dos bens em confronto no caso "sub judice", tal exclusão implicaria forçosamente

[219] Antunes, J. Engrácia, *Direito das Sociedades*, 18 e ss., 8.ª edição, Porto, 2018.

[220] Sobre este sentido geral e finalidades, vide *supra* II – § 1.3 e 1.4.

[221] Sobre este aspeto, vide desenvolvidamente *supra* IV – § 2.

[222] *Contrato de Trabalho e Direitos Fundamentais*, 172, Coimbra Editora, Coimbra, 2005.

uma prevalência do bem jurídico tutelado pelo art. 61.º, n.º 1 sobre o bem protegido pelos arts. 54.º, n.º 5, d) e 56.º, n.º 2, a), todos da CRP.

Todavia, por outra banda, não se pode perder de vista o relevo central do regime das incompatibilidades no atual funcionamento das empresas societárias, bem assim como os riscos de insegurança jurídica associados a uma visão "fundamentalista" do direito fundamental de participação legislativa. Dada a complexidade, vastidão e mutabilidade daquele regime jurídico-societário – constituído por dezenas de normas, previstas no CSC e noutras leis ordinárias, que regulam incompatibilidades, impedimentos e até inibições específicas de ordem vária para os membros dos órgãos das sociedades (incluindo órgãos de administração e de fiscalização)[223] –, uma tal visão poderia, ou bem (a montante) sujeitar a sua aprovação legislativa a uma sobrecarga procedimental paralisante, ou bem (a jusante) sujeitar as empresas à destruição retroativa e inopinada de alguns dos bastiões imperativos da sua própria organização interna: o que implicaria agora, ao invés, uma prevalência ou primazia absoluta do bem tutelado pelos arts. 54.º, n.º 5, d) e 56.º, n.º 2, a) sobre o bem garantido pelo art. 61.º, n.º 1.

3. Princípio da Tutela da Confiança, da Segurança Jurídica e da Boa-Fé

I. O direito de participação das organizações representativas dos trabalhadores, para além das compressões impostas pelo imperativo de harmonização com outros direitos fundamentais conflituantes, está também – e sobretudo – sujeito ao filtro decorrente do próprio regime geral e comum dos direitos fundamentais, constituído por um conjunto de princípios estruturantes que funcionam como "parâmetros gerais da constitucionalidade" (Jorge MIRANDA)[224]. Entre tais princípios, destaca-se

[223] Para uma visão de conjunto de algumas destas incompatibilidades, para o caso específico dos órgãos de administração, vide FERREIRA, R. Cardona, *Impedimentos na Designação de Administradores das Sociedades Comerciais,* in: AAVV, "A Designação de Administradores", 183-199, Almedina, Coimbra, 2015.

[224] Sobre este regime geral ou comum dos direitos fundamentais, bem como os respetivos princípios constituintes, vide ALEXANDRINO, J. Melo, *Direitos Fundamentais,* 85 e ss., 2.ª edição, Principia, Cascais, 2011; MIRANDA, Jorge, *Direitos Fundamentais,* 261 e ss., 2.ª edição, Almedina, Coimbra, 2017; NOVAIS, J. Reis, *Os Princípios Constitucionais Estruturantes da República Portuguesa,* Coimbra Editora, Coimbra, 2014.

o *princípio da proteção da confiança*, que visa assegurar o respeito dos direitos e das expectativas legítimas dos destinatários da Ordem Jurídica, através de uma imposição de certeza, clareza e precisão das normas legais (em termos da sua vigência e condições de aplicação), da estabilidade dessas mesmas normas (em termos de garantir-lhes um mínimo de permanência e caucionar os atos e efeitos jurídicos já produzidos) e da previsibilidade da atuação dos poderes públicos (incluindo os tribunais): tal princípio é, além disso, reconhecidamente parte integrante dos princípios mais vastos da *segurança jurídica* (expressão máxima de um Estado de Direito) e da *boa fé* (que perpassa por todo o ordenamento jurídico, privado ou público).[225]

II. Este princípio não pode deixar de ser tido em consideração na *interpretação e aplicação do direito de participação dos arts. 54.º, n.º 5, d) e 56.º, n.º 2, a) da CRP*, impondo algumas limitações quanto às formas relevantes do seu exercício.

III. Desde logo, impressiona deveras que o destinatário de uma incompatibilidade absoluta relativa ao desempenho de funções nos órgãos de administração de uma sociedade, após se ter colocado por sua própria iniciativa nessa mesma situação de incompatibilidade e nela se haver mantido durante um período de tempo mais ou menos longo, possa tentar escudar-se relativamente às consequências previstas para a sua violação, invocando para tal um vício procedimental na génese legislativa do preceito que consagrou a referida incompatibilidade. Nunca será demais recordar que as consequências fixadas na norma do art. 398.º do CSC para a violação desse regime de incompatibilidade – nulidade (n.º 1), extinção (n.º 2, 1.ª parte), suspensão (n.º 2, 2.ª parte) dos contratos de trabalho – jamais ocorrem senão por *livre e expressa vontade da própria parte contratante*: ou bem que um indivíduo, que exerce funções de administração numa sociedade, decidiu celebrar com esta um contrato de trabalho ("cúmulo administrador/trabalhador", a que corresponde a sanção da nulidade contratual); ou bem que o mesmo indivíduo, que possui um contrato de trabalho com a sociedade,

[225] Sobre este princípio em particular, vide ALEXANDRINO, J. Melo, *Direitos Fundamentais*, 70 e ss., 2.ª edição, Principia, Cascais, 2011; MIRANDA, Jorge, *Direitos Fundamentais*, 337 e ss., 2.ª edição, Almedina, Coimbra, 2017; NOVAIS, J. Reis, *Os Princípios Constitucionais Estruturantes da República Portuguesa*, 261 e ss., Coimbra Editora, Coimbra, 2014.

decidiu aceitar ser designado para exercer aquelas funções de administração ("cúmulo trabalhador/administrador", a que correspondem as sanções da extinção ou suspensão contratual)[226]. Por outras palavras: as vicissitudes que afetam o contrato de trabalho (nulidade, extinção, suspensão), antes que alheias ou independentes à vontade ou atuação do administrador e/ou trabalhador, são, na verdade, fruto da sua decisão de se colocar a si próprio na situação de incompatibilidade proibida pela lei.

Ora, desta perspetiva, afigura-se ser contrário às mais elementares regras da *boa fé* que alguém que atuou em contravenção de uma proibição legal imperativa, procurando iludir os interesses a esta subjacente em benefício dos seus próprios interesses, possa posteriormente invocar a ilegalidade ou até inconstitucionalidade dessa proibição para se furtar às sanções que a lei lhe associou[227]. Estaremos mesmo, porventura, perante um caso

[226] Sobre estas duas vertentes da proibição de cúmulo, vide *supra* II – § 2.5.

[227] Por caminhos próximos, embora relativamente à sanção da nulidade (art. 398.º, n.º 1 do CSC) e com diferente fundamentação (princípio da imparcialidade do art. 266.º, n.º 2 da CRP), andou a jurisprudência dos nossos tribunais judiciais superiores. Tal o caso do Acórdão do STJ de 7-III-2007 (Fernandes Cadilha), onde se refere acertadamente o seguinte: "A norma reflecte um princípio da imparcialidade, exigindo do administrador um distanciamento em relação aos interesses pessoais, em vista a garantir o exercício isento e desinteressado da função. Limita-se, por isso, a estabelecer um regime de impedimentos, que obsta a que o administrador possa aproveitar-se da sua posição de autoridade para impor à sociedade a realização de negócios que possam conflituar com o interesse empresarial. A declaração de nulidade do contrato de trabalho celebrado em preterição do estabelecido na norma resulta, por sua vez, da aplicação de um princípio civilístico que se supõe não ter sido alguma vez suspeito de inconstitucionalidade – artigo 294.º do Código Civil. A extinção da relação laboral não ocorre, por isso, por livre vontade da entidade empregadora, mas antes por simples aplicação dos critérios legais e com fundamento em clara violação do direito societário (...). Em qualquer caso, a norma do artigo 398.º, n.º 1, do CSC não pode ser vista como inconstitucional no ponto em que se limita a garantir a aplicação de um princípio de imparcialidade, quando é certo que esse é um princípio que tem também consagração constitucional – artigo 266.º, n.º 2, da CRP. Não se põe sequer em causa, nesse caso, o direito ao trabalho, visto que a norma apenas restringe o duplo emprego quando venha a ser constituído em circunstâncias que possam representar um favorecimento pessoal do administrador, pelo que não há também qualquer violação do disposto no artigo 18.º, n.º 2, da Constituição" (in: 198 CJ/STJ (2007), I, 276-280). Semelhantemente, o Acórdão do STJ de 13-VII-2011 (Pereira Rodrigues): "Esses administradores só o serão desde que naturalmente manifestem a sua vontade em assumir as funções para que foram designados, podendo a elas renunciar (cf. art. 404.º do C.S.C.), e sendo certo também que terão direito a ser indemnizados pelos danos que sofrerem se vierem a ser

de escola do comportamento abusivo sob a forma *"tu quoque"*, que traduz genericamente a proibição de alguém que viola uma norma jurídica poder tirar partido dessa violação, exigindo a outrem a sujeição às consequências daí resultantes ("turpitudinem suam allegans non auditor")[228]. De resto, a relevância do parâmetro da boa fé na conformação das formas de exercício dos direitos fundamentais dos trabalhadores é reconhecida pelos próprios juslaboralistas: "a boa fé, enquanto princípio geral de exercício de direitos (inclusive, direitos fundamentais) e de cumprimento de obrigações (v.g., laborais), representa um vector fundamental da aplicação dos direitos fundamentais no âmbito do contrato de trabalho".[229]

IV. Esta perspetiva torna-se ainda mais impressiva e gritante quando se tenham presentes as razões de *ordem pública* e de *fraude à lei* que inspiram a proibição de cúmulo prevista no CSC. Visando esta proibição preservar os pressupostos de uma conduta ética e funcionalmente irrepreensível dos administradores[230], será porventura aceitável que se contemporize com a conduta de um administrador que, tendo-a infringido "de caso pensado", venha depois pretender escudar-se em vícios procedimentais na sua elaboração? Muito em particular, no caso dos contratos de trabalho celebrados há menos de um ano: visando tal sanção reprimir uma prática fraudulenta disseminada consistente na antecelebração de contratos laborais fictícios pelos administradores, antes da sua designação, como forma de garantir o seu futuro à custa da sociedade (e, já agora, dos demais trabalhadores da sociedade)[231], será de aceitar de ânimo leve a pretensão dos próprios protagonistas ou autores do (presumido) artifício ou embuste de legitimar tal prática invocando vícios procedimentais ocorridos a montante? Relembre-se

destituídos sem justa causa do cargo que exerçam (cf. art. 403.º, n.º 5, do mesmo diploma)" (in: www.colectaneadejurisprudencia.com – Proc. n.º 476/05).

[228] Do latim "também tu!", na celebérrima tirada do imperador César ao aperceber-se que o seu filho adotivo Brutus se encontrava entre aqueles que conspiraram a sua morte. Sobre esta modalidade do abuso de direito, vide CORDEIRO, A. Menezes, *Da Boa-Fé no Direito Civil*, 837 e ss., Almedina, Coimbra, 1997; FRADA, M. Carneiro, *Tutela da Confiança e Responsabilidade Civil*, 419 e ss., Almedina, Coimbra, 2004.

[229] ABRANTES, J. João, *Contrato de Trabalho e Direitos Fundamentais*, 175 e ss., 231, Coimbra Editora, Coimbra, 2005.

[230] Sobre o art. 398.º do CSC como norma de ordem pública, vide *supra* II – § 1.5.

[231] Sobre a "ratio" da sanção prevista no art. 398.º, n.º 2, 1.ª parte, vide *supra* II – § 2.3.

que o direito de participação é um direito fundamental de exercício coletivo (organizações representativas dos trabalhadores) e com um claro objetivo político-preceptivo (dar a estas uma voz ativa nas medidas de legislação laboral): a aceitar-se a tese da inconstitucionalidade "seletiva" do art. 398.º do CSC, não se estará a permitir transformá-lo num puro expediente de que o administrador individual infrator poderá lançar mão para alcançar resultados que o legislador societário quis proscrever?

V. Uma derradeira nota sobre a eventual relevância da dimensão de *segurança jurídica* que é ínsita ao princípio da proteção da confiança[232]. A proibição de cúmulo de funções de administrador e trabalhador subordinado, prevista no art. 398.º, foi introduzida na ordem jurídica portuguesa pelo CSC de 1986: decorridos mais de 30 anos de vigência e após o legislador ser ter afadigado durante esse período em inúmeras revisões deste Código (cerca de 50), algumas delas de vasto alcance ("maxime", a Reforma de 2006), o preceito continua incólume, jamais tendo esse mesmo legislador procedido a qualquer modificação, mormente no que diz respeito à extinção dos contratos de trabalho com duração inferior a um ano[233]. Ora, independentemente de quaisquer outras considerações, a verdade é que esta constância e estabilidade da lei jussocietária criou inevitavelmente junto dos respetivos destinatários – as sociedades comerciais, mas também os seus sócios, credores, e investidores – uma *justa expectativa de validade e certeza sobre os comandos jurídicos nela consagrados que importa salvaguardar*: parâmetro este que, decerto, o Tribunal Constitucional não deixará de ponderar na interpretação e aplicação do direito de participação dos arts. 54.º, n.º 5, d) e 56.º, n.º 2, a) da CRP.

4. A Limitação dos Efeitos Negativos da Inconstitucionalidade

I. As decisões de inconstitucionalidade de normas legais, outrossim que afetar outros direitos ou valores constitucionalmente tutelados, podem

[232] Sobre a proteção da confiança, enquanto vertente subjetiva da segurança jurídica, vide ALEXANDRINO, J. Melo, *Direitos Fundamentais*, 85, 2.ª edição, Principia, Cascais, 2011; MIRANDA, Jorge, *Direitos Fundamentais*, 337, 2.ª edição, Almedina, Coimbra, 2017.

[233] Salientando também este aspeto, vide o Acórdão do STJ de 9-IV-2008 (SOUSA GRANDÃO), in: www.dgsi.pt. (Proc. n.º 07S1695).

constituir um fator de incerteza e de insegurança no tráfico jurídico. Por essa razão, o próprio legislador constitucional previu a possibilidade de o Tribunal Constitucional adequar os efeitos da inconstitucionalidade às situações da vida, *limitando os efeitos negativos* ou nefastos porventura decorrentes das suas próprias decisões: nos termos do art. 282.º, n.º 4 da CRP, "quando a segurança jurídica, razões de equidade ou interesse público de excecional relevo, que deverá ser fundamentado, o exigirem, poderá o Tribunal Constitucional fixar os efeitos da inconstitucionalidade ou da ilegalidade com alcance mais restritivo do que o previsto nos n.os 1 e 2".[234]

II. Além disso, um setor da doutrina sustenta que o instituto da limitação de efeitos é também aplicável no âmbito das decisões proferidas em *sede de fiscalização concreta*. Como sublinha Rui MEDEIROS, "há casos em que se afigura manifesto que a segurança jurídica, razões de equidade ou interesse público de excecional relevo – que não se confunde com razões de índole política – podem *impor* a restrição dos efeitos do julgamento concreto de inconstitucionalidade: por outras palavras, sempre que se esteja perante uma situação em que se conclua que a desaplicação da norma julgada inconstitucional conduz a resultados constitucionalmente mais graves do que aqueles que advêm da sua aplicação, as decisões de limitação de efeitos devem considerar-se lícitas".[235]

III. Não ignorando que a doutrina portuguesa dominante apenas o considera aplicável às declarações de inconstitucionalidade com força obrigatória geral, nem muito menos as críticas que vêm sendo dirigidas a uma utilização generosa, quiçá até abusiva, do mesmo[236], pensamos que não se pode afastar liminarmente, ao menos *em abstrato*, a possibilidade de o Tribunal Constitucional lançar mão deste instituto jusconstitucional,

[234] Sobre a figura, vide CANOTILHO, J. Gomes, *Direito Constitucional e Teoria da Constituição*, 1005 e ss., 5.ª edição, Almedina, Coimbra, 2002; MIRANDA, Jorge, *Manual de Direito Constitucional*, tomo II, 500 e ss., Coimbra Editora, Coimbra, 2001; MEDEIROS, Rui, *A Decisão de Inconstitucionalidade*, 673 e ss., UCP Editora, Lisboa, 1999.

[235] MEDEIROS, Rui, *A Decisão de Inconstitucionalidade*, 774, UCP Editora, Lisboa, 1999 (itálico no original).

[236] Críticas essas que, aliás, vêm de longe: assim VITAL MOREIRA, ao referir-se ao "risco de transformar a exceção em regra" (declaração de voto no Acórdão do TC n.º 144/85 (MÁRIO DE BRITO), in: VI ATC (1985), 183-222).

enquanto instrumento de "ultima ratio", no caso de vir a manter a sua tese da inconstitucionalidade "seletiva" do art. 398.º, n.º 2, 1.ª parte do CSC no âmbito de futuros processos de fiscalização concreta da mesma norma. É que a desaplicação deste segmento normativo da proibição jussocietária do cúmulo administrador/trabalhador, que decorreria de uma tal eventual decisão de inconstitucionalidade, deixaria os tribunais judiciais "a quo" perante um verdadeiro "nó górdio", com todas as inevitáveis consequências no plano da certeza na aplicação do Direito e dos interesses de segurança jurídica das próprias partes em litígio: como vimos oportunamente, a expurgação de tal trecho normativo provoca um desequilíbrio global no regime unitário do art. 398.º, ficando então por saber ao certo qual o destino jurídico dos contratos de trabalho preexistentes de duração inferior a um ano. Saber se, *em concreto*, desse instituto deverá ser feito ou não uso, é, todavia, questão que apenas ao próprio Tribunal caberá decidir nos casos submetidos à sua apreciação.

V.
Conclusões

I
A Proibição de Cúmulo Administrador/ Trabalhador (Artigo 398.º, n.ºs 1 e 2 do CSC)

1. O art. 398.º, nºs 1 e 2 do CSC estabelece uma *proibição geral e absoluta de acumulação, por parte de um indivíduo, das funções de titular do órgão de administração de uma sociedade anónima e do exercício de funções ao abrigo de contrato de trabalho nessa mesma sociedade.*

2. Este preceito constitui uma *disposição legal pioneira*, introduzida pelo CSC de 1986, sem antecedentes históricos no direito positivo português.

3. Antes deste Código, na ausência de norma legal na matéria, a *doutrina e a jurisprudência portuguesas* encontravam-se divididas quanto à questão de saber se, e em que termos, seria admissível o cúmulo na mesma pessoa das funções de administrador e de trabalhador subordinado de uma sociedade.

4. A proibição legal de cúmulo administrador/ trabalhador tem a si subjacente *três finalidades fundamentais*: a prevenção de conflitos de interesses; a integridade do modelo legal de governo societário; e a integridade do estatuto dos administradores.

5. O art. 398.º, n.os 1 e 2 do CSC é *uma norma imperativa e de ordem pública*: a proibição de cúmulo societário-laboral não pode ser afastada, nem pelos estatutos das sociedades, nem pelo acordo das próprias partes (sociedade e administrador/trabalhador), originando a sua violação, em princípio e salvo disposição especial, a nulidade de quaisquer atos, negócios ou cláusulas em sentido contrário (arts. 280.º, n.º 1, e 294.º do CCivil, art. 9.º, n.º 3 do CSC).

6. *O âmbito objetivo e subjetivo de aplicação da proibição legal é particularmente amplo*: em síntese, o administrador de uma sociedade anónima está impedido de exercer nela outras funções, seja a título permanente ou temporário, seja na mesma sociedade ou em sociedade que com esta esteja em relação de domínio ou de grupo, seja ao abrigo de um contrato de trabalho ou de um contrato de prestação de serviços, seja a constituição do vínculo contratual anterior, simultânea ou posterior à data do início da relação de administração.

7. A *consequência geral* da violação da proibição de cúmulo consiste na *nulidade* dos contratos de trabalho. Tal o que resulta, nos termos gerais, do art. 280.º, n.º 1 ("é nulo o negócio cujo objeto seja (...) contrário à lei") e do art. 294.º ("os negócios celebrados contra disposição legal de caráter imperativo são nulos, salvo nos casos em que outra solução resulte da lei"), ambos do CCivil.

8. O legislador estabeleceu no art. 398.º, n.º 2 do CSC um *regime especial* para os contratos de trabalho pendentes ou existentes à data do início da relação de administração, prevendo sanções jurídicas diversas em função da respetiva antiguidade: a *extinção* (para os contratos com menos de um ano) e a *suspensão* (para os contratos com mais de um ano).

9. A sanção da *extinção* dos contratos com duração inferior a um ano, prevista na 1.ª parte desse número, assenta na *presunção legal do caráter fraudulento desses contratos*, ou seja, na presunção de que os contratos de trabalho foram celebrados pelo administrador com o intuito de defraudar as regras jussocietárias relativas ao seu próprio estatuto jurídico (designadamente, as que atribuem um caráter precário e temporário aos mandatos de administração), assegurando àquele, após o termo do seu mandato, a manutenção de um vínculo jurídico estável, duradouro e remunerado com a sociedade. Essa a razão pela qual a lei fixou um *"período de suspeição"* (1 ano) cuja inobservância ocasiona, automaticamente e por mera força da lei, a extinção por caducidade dos contratos celebrados.

10. A sanção da *suspensão* dos contratos com duração superior a um ano, prevista na 2.ª parte do mesmo número, procura conciliar os interesses gerais do direito societário e os interesses do administrador/trabalhador. Afastado o espetro de fraude que condenava "à morte" os contratos celebrados durante o período suspeito, o legislador colocou estes num estado de mera "letargia" ou de "hibernação": aqui, a implementação do objetivo último da lei (impedir o cúmulo de funções de administração social e de trabalho subordinado) não exigia menos mas também não exigia mais.

II
O Direito de Participação na Elaboração da Legislação do Trabalho (Artigos 54.º, n.º 5, d) e 56.º, n.º 2, a) da CRP)

11. Os arts. 54.º, n.º 5, d) e 56.º, n.º 2, a) da CRP consagraram em favor das comissões de trabalhadores e das associações sindicais um *direito de participação na elaboração da legislação do trabalho.*

12. Trata-se de um *direito fundamental* dos trabalhadores, de natureza procedimental ("status activus processualis") e de exercício coletivo (e não individual), que visa assegurar aos organismos representativos dos trabalhadores *a possibilidade de intervir no processo de feitura das leis laborais ordinárias,* tomando conhecimento delas e pronunciando-se sobre as mesmas antes da respetiva aprovação.

13. Aspeto chave do regime deste direito fundamental é o conceito de *"legislação do trabalho"*. O legislador constitucional não definiu o que se deva entender por tal, mas o legislador ordinário fê-lo: "Entende-se por legislação do trabalho a que regula os direitos e obrigações dos trabalhadores e empregadores, enquanto tais, e as suas organizações" (art. 469.º do CT).

14. Nesta matéria, o Tribunal Constitucional tem adotado um *conceito amplo* de legislação laboral, embora sujeito a *limites*.

15. Por um lado, um conceito amplo de *"legislação laboral"*. Essa amplitude respeita a ambos os termos do conceito. Seja do termo *"legislação"*, por forma a abranger, não apenas os atos legislativos propriamente ditos (leis, decretos-leis, etc.), mas igualmente, em certas circunstâncias, os próprios regulamentos, as convenções internacionais e as leis de autorização legislativa. Seja do termo *"trabalho"*, por forma a abranger os diplomas legais ordinários que versem sobre qualquer ponto do estatuto jurídico dos trabalhadores, incluindo, pois, a legislação sobre as relações individuais (v.g., retribuição, acidentes de trabalho) e as relações coletivas (v.g., regulamentação dos direitos das associações sindicais e comissões de trabalhadores).

16. Por outro lado, um conceito amplo sujeito a *limites*. Entre os mais relevantes, destaque-se que o conceito de "legislação laboral" apenas abrange as normas ordinárias que tenham uma *conexão direta* com matérias laborais (e não já aquelas que possuam uma conexão ou repercussão meramente indiretas, reflexas ou incidentais sobre tais matérias) e que possuam um caráter *inovador* em matérias laborais (e não já aquelas que mantenham uma disciplina laboral que já se encontrava legalmente definida ou prevista).

17. Desta perspetiva, pode talvez afirmar-se que o direito de participação das organizações representativas dos trabalhadores na elaboração da legislação do trabalho constitui, por assim dizer, uma *delicada "peça de relojoaria"*, cujo funcionamento teórico e prático depende estritamente do equilíbrio que se consiga obter entre dois vetores de sinal inverso e em permanente tensão. Por um lado, a teleologia própria deste direito fundamental, que poderá justificar a adoção de um conceito de Direito do Trabalho mais amplo do que o acolhido pelo legislador ordinário. Por outro lado, o risco de paralisia legislativa e insegurança jurídica inerente à sua extensão para lá dos confins do próprio Direito do Trabalho, impondo (a montante) uma sobrecarga de complexidade legiferante a outros ramos do Direito ou (a jusante) banindo da Ordem Jurídica leis ordinárias não laborais, porventura muitos anos depois de estas terem pacificamente vigorado.

III
A Norma do Artigo 398.º, n.º 2, 1.ª parte: A Controvérsia em Torno da sua Constitucionalidade Formal

18. É controversa *a constitucionalidade da norma do art. 398.º, n.º 2, 1.ª parte, do CSC,* que prevê a extinção dos contratos de trabalho celebrados há menos de um ano por quem venha a ser designado como administrador de uma sociedade anónima. A questão da constitucionalidade pode ser formulada, de modo sintético, nos seguintes termos: considerando que na sua elaboração não foi observado o direito de participação dos organismos representativos dos trabalhadores, consagrado nos arts. 54.º, n.º 5, d) e 56.º, n.º 2, a) da CRP, estará tal norma ferida por um vício de procedimento gerador da sua inconstitucionalidade formal?

19. Esta questão tem sido objeto de uma assinalável *controvérsia doutrinal e jurisprudencial* ao longo dos anos.

20. A favor da tese da *inconstitucionalidade*, pronunciou-se o Tribunal Constitucional nas duas únicas decisões que proferiu, até à presente data, sobre esta questão: são elas os Acórdãos do TC n.º 1018/96, de 9 de outubro (Bravo Serra) e n.º 626/2011, de 19 de dezembro (M. João Antunes).

21. Em síntese, são três os *fundamentos* principais em que se estribou aquele Tribunal para sustentar a tese da inconstitucionalidade: o art. 398.º, n.º 2, 1.ª parte, do CSC é uma norma que se integra no conceito de "legislação laboral"; é uma norma que reveste caráter inovador; e é uma norma em cuja elaboração não foi observado o direito fundamental de participação dos organismos representativos dos trabalhadores.

22. Também no mesmo sentido se pronunciou uma parte da nossa *jurisprudência* (STJ e Relações) e da nossa *doutrina*. Entre os arestos judiciais, podem mencionar-se os Acórdãos do STJ de 12-IX-2013 (Fernandes da Silva) e de 22-X-1997 (Almeida Devesa), bem como o Acórdão da RG de 16-II-2017 (Helena Melo). Entre os Autores, podem referir-se J. Coutinho de Abreu, M. Palma Ramalho, P. Romano Martinez e J. Vieira Gomes.

23. A favor da tese da *constitucionalidade*, pronunciou-se uma outra parte da nossa jurisprudência e da nossa doutrina, sendo ainda de sublinhar a existência de vozes dissonantes no seio do próprio Tribunal Constitucional.

24. O Acórdão do TC n.º 626/2011, de 19 de dezembro (M. João Antunes) não foi votado por unanimidade, mas por maioria, tendo contado com o *voto de vencido* de um dos Juízes-Conselheiros (C. Pamplona de Oliveira). Apesar de se tratar de opinião minoritária no seio do Tribunal, este entendimento tem sido maioritariamente seguido pelos tribunais judiciais. De resto, o mesmo Tribunal Constitucional pronunciou-se pela constitucionalidade da norma do art. 398.º, n.º 1 – Acórdão n.º 539/2007, de 30 de outubro (J. Sousa Ribeiro) – e da norma do art. 398.º, n.º 2, 2.ª parte – Acórdão n.º 259/2001, de 30 de maio (V. Nunes de Almeida).

25. Além disso, a favor da constitucionalidade manifestou-se um setor considerável da *jurisprudência* (STJ e Relações) e da *doutrina* portuguesas. Entre os arestos judiciais, podem mencionar-se os Acórdãos do STJ de 13-VII-2011 (Pereira Rodrigues), de 7-III-2007 (Fernandes Cadilha), e de 8-V-2005 (Paiva Gonçalves); os acórdãos da RG de 5-XI-2015 (Alda Martins), da RL de 22-X-2014 (Ferreira Marques), da RL de 29-I-2014 (P. Sá Fernandes), da RL de 13-XII-2006 (Ferreira Marques), e da RL de 2-X-1996 (César Teles). Entre os Autores, podem referir-se A. Menezes Cordeiro, P. Olavo Cunha, J. Assunção Duarte, Raúl Ventura, A. Pereira de Almeida, M. Nogueira Serens, Ricardo Costa, e A. Sarmento de Oliveira.

26. A controvérsia em torno da constitucionalidade do art. 398.º, n.º 2, 1.ª parte, do CSC *mantém-se*, não se tendo ainda consolidado definitivamente, na ordem jurídica portuguesa, uma resposta a tal questão. Tendo sido proferidos no âmbito de processos de fiscalização concreta, os citados Acórdãos do TC n.º 1018/96 e n.º 626/2011 são destituídos de força obrigatória geral, *não impedindo que o Tribunal Constitucional venha a decidir em sentido diverso num processo de natureza e objeto idênticos*, reputando de constitucional a norma legal em apreço (cf. art. 79.º-D, n.º 1 da LOFPTC). Tal eventual e futura decisão, aliás, reveste-se de especial relevância, já que, caso aquele Tribunal venha a manter a orientação seguida naqueles anteriores Acórdãos, poderá originar um *processo oficioso de fiscalização abstrata sucessiva da constitucionalidade* da norma societária em apreço, cuja decisão a proferir, essa sim, terá força obrigatória geral (art. 281.º, n.º 3 da CRP, art. 82.º da LOFPTC).

IV
Da Constitucionalidade do Artigo 398.º, n.º 2, 1.ª parte

27. Tal como já atrás foi colocado em destaque (cf. supra 21), o Tribunal Constitucional – bem como a demais jurisprudência e doutrina que nele se louva – sustentou a inconstitucionalidade formal da norma do art. 398.º, n.º 2, 1.ª parte, do CSC com base em três ordens de razões fundamentais: trata-se de uma norma que se integra *no conceito de "legislação laboral"*, que reveste *caráter inovador*, e cuja elaboração *não observou o direito fundamental de participação* dos organismos representativos dos trabalhadores. Salvo o devido respeito, discordamos deste entendimento e de todas as razões em que ele se fundamenta.

28. Em primeiro lugar, o Tribunal Constitucional afirma tratar-se de uma norma legal que se integra no conceito de *"legislação laboral"*.

29. Em nosso entender, ao invés, *a norma do art. 398.º do CSC, no seu todo e nas suas partes (incluindo, pois, a primeira parte do seu n.º 2), é uma norma formalmente e materialmente comercial*, ou seja, uma norma cuja génese histórica, inserção sistemática, razão de ser e sentido fundamental possui, tanto em Portugal como (para figuras congéneres) no Direito Comparado, uma matriz exclusivamente atinente aos valores e interesses próprios da disciplina jurídica das sociedades comerciais.

30. Tendo tal norma uma conexão puramente indireta, reflexa ou incidental com matérias laborais, então ela – segundo a orientação adotada pelo próprio Tribunal Constitucional – extravasa o conceito de "legislação do trabalho" para efeitos do direito de participação dos organismos representativos dos trabalhadores, consagrado nos arts. 54.º, n.º 5, d) e 56.º, n.º 2, a) da CRP.

31. Em segundo lugar, o mesmo Tribunal fundamenta a sua decisão de inconstitucionalidade no entendimento segundo o qual o art. 398.º, n.º 2, 1.ª parte, do CSC reveste um *caráter inovador*, em virtude de ter vindo estatuir uma nova forma de extinção do contrato de trabalho. Este entendimento, quanto a nós, não pode ser aceite nas suas *premissas*, nas suas *conclusões*, e nas suas *consequências*.

32. O Tribunal estriba todo o seu entendimento na afirmação de que, antes da aprovação do CSC, constituía *orientação jurisprudencial e doutrinal uniforme* a admissibilidade do cúmulo das funções de administrador e trabalhador de uma sociedade, considerando-se suspensos os contratos de trabalho durante o período da relação de administração, independentemente da sua duração – o que explicaria que, ao invés da suspensão (2.ª parte do n.º 2 do art. 398.º do CSC), a extinção prevista na 1.ª parte desta norma constituiria uma causa extintiva nova, caindo sob a alçada do direito fundamental de participação. Esta premissa, todavia, é errónea, a mais do que um título.

33. Os juízos de apreciação do caráter inovador de um preceito da lei ordinária, para efeitos do conceito de "legislação do trabalho", devem tomar por base, em primeira linha, o *quadro legal preexistente*, e não a (alegada) posição da jurisprudência e a doutrina formulada a respeito de tal quadro legal. Ora, como já se frisou (cf. supra 2), a verdade é que o legislador português anterior ao CSC não havia, pura e simplesmente, disciplinado a questão do cúmulo administrador/ trabalhador, não existindo, por conseguinte, regra geral proibindo ou permitindo tal acumulação de funções no seio das sociedades comerciais.

34. Além disso, como também referimos (cf. supra 3) e ao contrário do que é afirmado pelo Tribunal, a doutrina e a jurisprudência portuguesas de então encontravam-se *divididas* quanto à questão da admissibilidade do cúmulo administrador/ trabalhador, sendo possível encontrar, quer acórdãos do STJ e do STA, quer opiniões dos Autores, em ambos os sentidos.

35. É, no mínimo, duvidosa a afirmação perentória segundo a qual a lei laboral então vigente não contemplava a causa extintiva que veio a ser prevista na lei societária. Com efeito, a designação de trabalhador para a administração social durante o "período suspeito" previsto no art. 398.º, n.º 2, 1.ª parte, do CSC origina para aquele *uma impossibilidade de caráter superveniente, absoluto e definitivo de prestação do trabalho*, que preenche, pois, todos os requisitos da cláusula geral da cessação do contrato de trabalho, que se encontrava prevista, à data, no art. 8.º, n.º 1, b) do Decreto-Lei n.º 372-A/75, de 16 de julho.

36. Além de inaceitável nas premissas, o argumento relativo ao caráter inovador do art. 398.º, n.º 2, 1.ª parte, do CSC, utilizado pelo Tribunal para fundamentar a sua decisão de inconstitucionalidade, *também o é nas suas conclusões, provando demais.* A ser procedente, então ele deveria conduzir a que todo o art. 398.º, n.º 1 e n.º 2, do CSC – porquanto introduzindo um regime unitário globalmente inovador e sem precedentes no direito laboral pátrio – devesse ser considerado como integrando o conceito de "legislação do trabalho" e, consequentemente, padecer de inconstitucionalidade formal. Ora, sabemos que não foi essa a opinião do próprio Tribunal Constitucional, que adotou uma *tese de inconstitucionalidade "seletiva" relativamente ao art. 398.º do CSC*: enreda-se o Tribunal numa contradição insanável de juízos de constitucionalidade relativos à norma jussocietária em apreço, já que não é possível sustentar a inconstitucionalidade formal da 1.ª parte do seu n.º 2, com fundamento no carácter inovador deste segmento normativo (Acórdãos do TC n.º 1018/96, de 9 de outubro, e n.º 626/2011, de 19 de dezembro), e, simultaneamente, sustentar a constitucionalidade da própria proibição geral contida no seu n.º 1, de que aquele segmento normativo é mero corolário (Acórdão do TC n.º 539/2007, de 30 de outubro).

37. Outrossim que nas suas premissas e conclusões, a tese da inconstitucionalidade "seletiva" do regime jussocietário do cúmulo administrador/trabalhador é ainda de recusar do ponto de vista das suas *consequências* práticas. Expurgado, por inconstitucionalidade, o trecho normativo da 1.ª parte do n.º 2 do art. 398.º do CSC, ficaria posto em causa o equilíbrio daquele regime jurídico, dando origem a uma disciplina legal fragmentária (que deixaria os contratos de duração inferior a um ano numa espécie de "limbo" jurídico de difícil resolução), inconsistente (proibindo o menos mas permitindo o mais) e ineficaz (frustrando o objetivo primário da lei em reprimir a celebração de contratos de trabalho fraudulentos).

38. Finalmente, e em terceiro lugar, estriba o Tribunal Constitucional o seu entendimento na afirmação segundo a qual, no processo de elaboração da norma do art. 398.º, n.º 2, 1.ª parte, do CSC, *não foi observado o procedimento constitucionalmente previsto de audição, consulta ou intervenção prévia dos organismos representativos dos trabalhadores.*

39. A verdade, porém, é que nos deparamos hoje com variadíssimas normas ordinárias do Direito Comercial que – exatamente à semelhança do que sucede com o art. 398.º, n.os 1 e 2 do CSC – possuem ou podem possuir incidências indiretas ou reflexas nas relações laborais, mas relativamente às quais também não existe vestígio, mormente no Preâmbulo do respetivo diploma legal, de ter sido observado tal procedimento. Pense-se, por exemplo, no âmbito do direito societário, no caso do art. 278.º do CSC, que não acolheu o direito de participação e representação dos trabalhadores nos órgãos sociais de administração das empresas, então previsto nos arts. 30.º e 31.º da Lei n.º 46/79, de 12 de junho; no direito da insolvência, o art. 17.º-H, n.º 2, do CIRE, o qual veio suprimir a precedência ou primazia do privilégio mobiliário geral atribuído aos créditos laborais pelo art. 333.º, n.º 1, a) e n.º 2, a) do CT; no âmbito do direito bancário, o art. 145.º-U, n.os 1, 2, 5 e 6 do RGIC, que atribuiu ao Banco de Portugal o poder de reduzir o valor nominal ou converter em aumento de capital os créditos salariais variáveis dos trabalhadores de instituições de crédito objeto de uma medida de resolução; e assim sucessivamente. É legítima, pois, a pergunta: *estarão todas estas normas, e tantas outras similares, debaixo do risco iminente de virem a ser vaporizadas da Ordem Jurídica portuguesa por inconstitucionalidade formal?*

40. É mister advertir para o significativo risco de *insegurança jurídica* que, em plena era de "poluição legislativa", é ínsito a leituras maximalistas do conceito de "legislação laboral". À uma, porque pode incentivar o recurso à fiscalização concreta da constitucionalidade de normas legais pertencentes a ramos jurídicos estranhos ao Direito do Trabalho como um mero expediente de que lançam mão os destinatários da lei para, com fundamento numa remota ou indireta incidência laboral daquelas normas, tentarem escapar aos rigores do direito positivo vigente. À outra, porque pode conduzir a uma expurgação errática, casuística e "à la carte" da Ordem Jurídica de uma multidão de normas legais, ou fragmentos delas, porventura anos ou até décadas após a sua aprovação e relativamente às quais jamais algum operador empresarial, laboral ou judiciário tivesse sequer manifestado a mais leve dúvida sobre a sua constitucionalidade ou legalidade.

41. A terminar, convém ainda chamar a atenção para *outros subsídios interpretativos* que concorrem no sentido da constitucionalidade do art. 398.º, n.º 2, 1.ª parte, do CSC.

42. Tal como sucede com qualquer outro direito fundamental, o direito de participação previsto nos arts. 54.º, n.º 5, d) e 56.º, n.º 2, a) da CRP *não é um direito absoluto*, encontrando-se a respetiva esfera de proteção jurídico-constitucional limitada pelas compressões decorrentes da sua colisão com outros direitos consagrados na Lei Fundamental. Tal o caso do *direito de livre iniciativa económica* (art. 61.º, n.º 1 da CRP), que se traduz essencialmente no direito fundamental dos sujeitos privados em determinar livremente a criação, organização e administração das suas empresas. Constituindo a proibição de cúmulo administrador/trabalhador cominada no art. 398.º, n.ºs 1 e 2 do CSC um afloramento concreto do regime das incompatibilidades dos administradores, e dado o relevo central deste regime na organização e administração das sociedades anónimas, falta saber se será aceitável uma "leitura maximalista" que sacrifique totalmente o direito de livre empresa no altar do direito participativo dos trabalhadores, ou se, ao invés, como pensamos, não será antes preferível ou até exigível harmonizar os dois direitos e bens jusconstitucionais em colisão no quadro de um princípio geral de concordância prática.

43. Semelhantemente, tal como qualquer outro direito fundamental, o direito de participação em apreço está ainda subordinado aos próprios princípios estruturantes do *regime comum dos direitos fundamentais*, designadamente, o *princípio da proteção da confiança e da boa fé*. Ora, afigura-se ser contrário às mais elementares regras da boa fé que alguém (trabalhador/ administrador) que, por sua própria iniciativa, atuou em contravenção de uma proibição legal imperativa (celebrando, respetivamente, os contratos de administração ou de trabalho), com isso procurando iludir os interesses gerais que a lei visou proteger em benefício dos seus próprios interesses pessoais, possa posteriormente invocar a ilegalidade ou até inconstitucionalidade dessa proibição para se furtar às sanções que o legislador lhe associou. Estaremos mesmo, porventura, perante um caso de escola do comportamento abusivo sob a forma *"tu quoque"*, que traduz genericamente a proibição de alguém que viola uma norma jurídica poder tirar partido dessa violação, exigindo a outrem a sujeição às consequências daí resultantes ("turpitudinem suam allegans non auditor"). Esta perspetiva torna-se ainda mais impressiva e gritante quando se tenham ainda presentes as razões de *ordem pública* e de *fraude à lei* que inspiram a proibição de cúmulo prevista no CSC.

44. Dadas as potenciais consequências nefastas da desaplicação "seletiva" ou parcial do trecho da 1.ª parte do art. 398.º, n.º 2 do CSC no plano da certeza na aplicação do Direito e dos interesses de segurança jurídica das próprias partes em litígio, não se pode afastar liminarmente, ao menos *em abstrato*, a possibilidade de o Tribunal Constitucional lançar mão do instituto da limitação de efeitos previsto no art. 282.º, n.º 4 da CRP.

ÍNDICE